eビジネス新書

No.447

週刊東洋経済

総孤独社会

忍び寄

「ひとり」

週刊東洋経済eビジネス新書　No.447

総孤独社会

本書は、東洋経済新報社刊『週刊東洋経済』2022年11月26日号より抜粋、加筆修正のうえ制作しています。情報は底本編集当時のものです。（標準読了時間　120分）

総孤独社会　目次

データでわかる日本の孤独社会

ハロウィーンで飾られたカボチャの絵を指さして、渡部和孝さん（49）はつぶやく。「あれは何ていうんでしたっけ？ あの、そこにある、丸い……」。「カボチャのことですか？」と記者が聞くと「そうでした。そんなこともわからなくなっていて」と言い、うつむいた。

言葉が出てこない。文字を正しく認識できない――。脳梗塞の後遺症による失語症だ。慶応大学商学部の教授だった渡部さんが病に倒れたのは2019年5月のこと。手術を受けたが、言語障害や注意力障害といった障害が残った。言われたことをすぐに忘れる。慣れない場所に1人で行くのも難しい。そのような状況で研究を続けるのは無理だった。

結局、休職期間を経て大学は退職。現在は同大学の障害者雇用で臨時職員として働いている。週3日、データ入力の作業だ。時給は1150円。その給与と月8万円ほどの障害年金が現在の収入だ。

「研究職を失った悲しさはあるのですが、それ以上に、人生が変わってしまって、今後どうやって生きていったらいいのかわからない不安のほうが大きいです」

渡部さんは慶応大学経済学部を卒業後、旧郵政省に入省。米プリンストン大学への留学経験もあり、エリート街道をひた走ってきたといっていい。

これまで経済的な不安を感じたことがなかった渡部さんを今最も悩ませているのが、医療費だ。

脳の障害に加え、2009年に大腸などの臓器にポリープが多発する遺伝性の病気を発症していた。定期的な手術が必要だが、治療費を払い続けることができるのかどうかが不安だ。病院に同行してくれるヘルパーに支払う費用やリハビリ費用もかさむ。頼れる人はいないのか。都内のマンションで同居する78歳の母親がいる。これまで結婚したことはなく、母親以外には遠縁の親戚が1人いるだけだ。

母親は2年前に一時入院したことをきっかけに介護が必要な状態になった。要介護の母親と障害を抱えることになった。2人の暮らしは、たった数年でがらりと変わった。役所に相談したくても、言語障害から、うまく説明ができない。渡部さんに寄り添い、代弁してくれる人もいない。

「元気にスポーツクラブに通っていたのが、今では夢のようです。いつ訪れるかわからない死への恐怖が強くありますが、長く生きてしまったら確実に金銭的に立ちゆかなくなる。生きるのも怖いんです」(同)

渡部さんのように突然病で倒れ、孤独と孤立状態に陥ることは、いつ誰の身にも起こりうる。

2021年の内閣官房の調査では、相談相手がいないと答えた割合が30~50代の現役世代に多いことが明らかになった。

背景にあるのは、未婚化や核家族化による世帯規模の縮小だ。全世帯数のうち単身世帯の割合は4割に迫っている。年齢と婚姻形態別で見ると、孤独感を覚えている人が最も多いのは、30代の未婚者だ。

1 「相談相手がいない人」は30～50代に多い

相談相手がいない人の割合

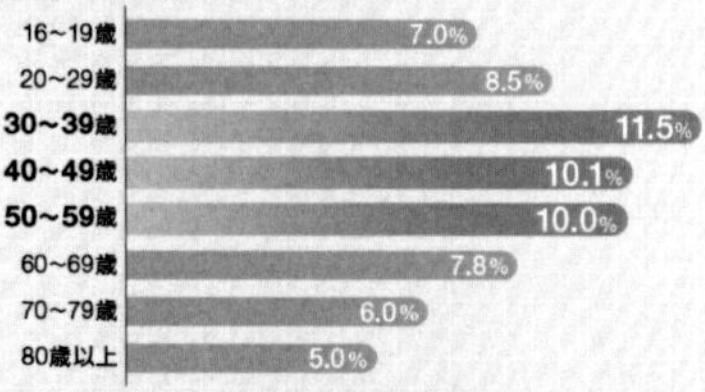

(出所)内閣官房「人々のつながりに関する基礎調査」(2021年)

2 1人で暮らす人の割合が4割に迫る

全世帯数に占める世帯類型別割合の推移

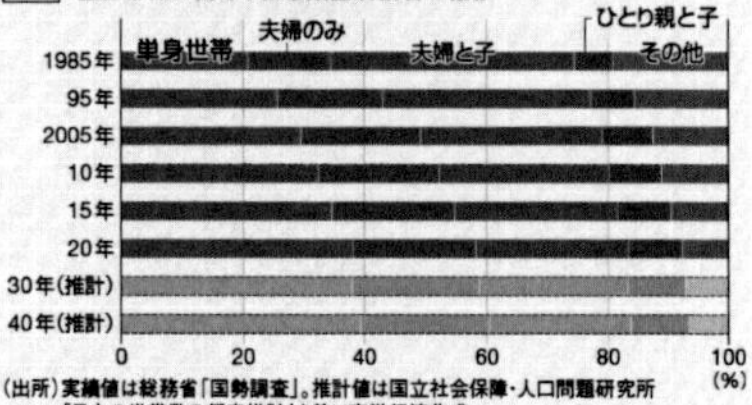

(出所)実績値は総務省「国勢調査」。推計値は国立社会保障・人口問題研究所「日本の世帯数の将来推計」を基に東洋経済作成

3 最も孤独感があるのは30代の未婚者

年齢階級・婚姻形態別の孤独感

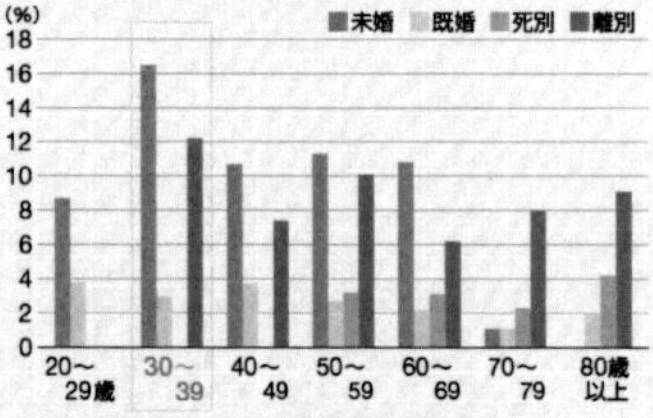

(注)孤独感が「しばしばある・つねにある」と回答した人の割合

(出所)内閣官房「人々のつながりに関する基礎調査」(2021年)

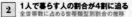

将来の不安から精子凍結

将来への不安から強い孤独感を覚える単身者もいる。

「実は将来子どもをつくるために、精子凍結をやっておこうかと本気で考えているんです」

そう打ち明けるのは、都内の大学で准教授として教鞭を執る健二さん（41、仮名）だ。健二さんは28歳のときに大学の同級生と結婚したが、1年ほどで離婚。家の購入をめぐり、金銭感覚が合わなかったことが原因だった。

離婚後、30代に入ると将来への漠然とした不安を感じ、マッチングアプリで婚活を続けている。

「自分は結婚して家を買って、子どもを育ててというメインストリームから完全に外れてしまったという不安があるんです」（健二さん）

子どもを望む理由は、「死ぬときに子どもがいないと看取ってもらえず、独りで逝くのが怖い」という恐怖もある。「40歳になったとき自分の祭壇が見えてきた。この先独りの暮らしを10年、20年続けても、ある程度先が見えてしまう。自分の顔だけを鏡で見て暮らしている感じがしんどい」(同)。

健二さんは「メインストリームから外れた」と嘆くが、独身は今や珍しいものではまったくない。未婚率は上昇し続け、20年の50歳時未婚率は、男性28・25%、女性17・81%と過去最高に達した。

4 孤独感は収入の多寡とも連動

孤独感の世帯年収別分類

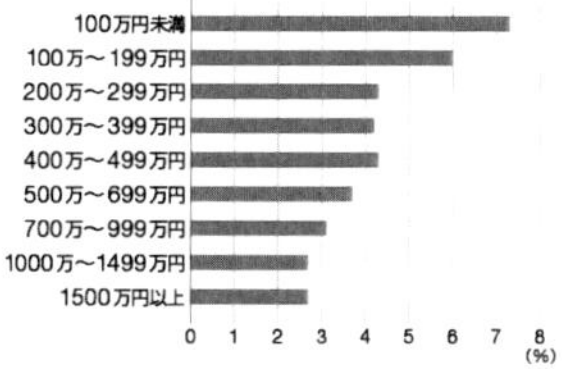

(注)孤独感が「しばしばある・つねにある」と回答した人の割合
(出所)内閣官房「人々のつながりに関する基礎調査」(2021年)

5 50歳時の未婚者は急増している

未婚者の割合の推移

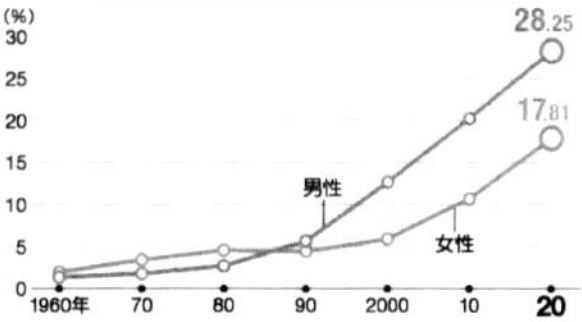

(注)「国勢調査報告」を基に算出。45～49歳と50～54歳における未婚者の割合の平均値。2020年は配偶関係不詳補完結果に基づく
(出所)国立社会保障・人口問題研究所「人口統計資料集」(2020年版)

6 孤独死の4割は現役世代

孤独死の死亡年齢の構成比

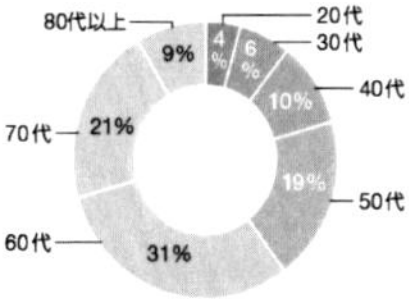

(注)孤独死の定義は「自宅内で死亡した事実が死後判明に至った一人暮らしの人」。少額短期保険会社の家財保険に加入している被保険者が対象
(出所)日本少額短期保険協会「第6回孤独死現状レポート」(2021年)

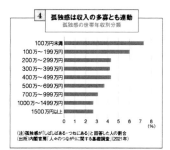

ただ、結婚して家族があっても孤立するリスクはある。

2022年9月下旬のある昼下がりのことだ。東京都世田谷区の住宅街の一角で、母親と小学生2人の子どもが大きな荷物を抱え、駅に向かっていた。〝昼逃げ〟だ。

母親の巴山（ともやま）ひろみさん（47）は、外資系企業に勤めていた夫との間に2人の子をもうけ、新築一戸建ての家に家族4人で暮らしていた。平穏な暮らしが一変したのは2020年、コロナ禍が始まってから。仕事で行き詰まっていた夫が在宅勤務をするようになり、家にいるひろみさんに暴言を吐き、暴力を振るい出したのだ。

家庭内の不和は限界に達し、夫は家を出ていった。だが、別居生活によってひろみさんと子どもの生活は窮地に陥る。夫が、母子が暮らす家の電気代や水道代、ガス代、子どもの小学校学費といった支払いを次々にやめたからだ。

2021年末、裁判所は夫に生活費の支払いを命じたが、夫はしばらく裁判所の判断すら無視した。さらに住宅ローンの返済までやめてしまう。その結果、金融機関は母子が生活していた建物を競売にかけた。

家を去るしかなかったひろみさんと子どもたちは、この10月に関東圏のある集合住宅に移り住んだ。私立学校に通っていた子どもたちは地元の公立小学校に転校することになった。

新生活をスタートさせたひろみさんだが、不安は消えない。この2年、派遣会社に登録し、働きながら生活費や弁護士費用を工面してきた。今後の裁判で離婚が成立したとしても、夫が養育費を払う可能性は低い。日本の司法制度には養育費不払いへの刑事罰が存在しないからだ。

ひろみさんは言う。「周囲に知り合いはおらず、助けてくれる人も、気軽に相談できる人もいない。つらいです。夫の暴力から逃げただけなのに、私も子どもたちも一気に孤立してしまった」。

孤独感の原因を示す調査によると、ひろみさんは「家族間の重大なトラブル」によって孤独や孤立に陥った。今後はそこに「生活困窮」が加わる懸念もある。冒頭の渡部さんは「心身の重大なトラブル」、健二さんは「家族との離別」がきっかけだ。

7 病気や人間関係のトラブルで深刻な孤独に

孤独感とその原因

原因 ＼ 孤独感	たまにある	時々ある	しばしばある・つねにある (%)
一人暮らし	20.5	24.0	29.2
人間関係による重大なトラブル（いじめ・ハラスメント含む）	10.7	15.0	27.3
心身の重大なトラブル（病気・ケガ等）	15.1	17.5	26.9
家族との死別	21.3	20.7	22.2
転校・転職・離職・退職（失業除く）	15.3	16.4	22.1
生活困窮・貧困	7.5	9.7	20.2
失業・休職・退学・休学（中退・不登校を含む）	5.8	9.7	15.1
転居	9.7	12.9	13.8
家族との離別	10.0	9.9	13.8
家族間の重大なトラブル（家庭内別居・DV・虐待含む）	5.4	6.5	13.5
金銭による重大なトラブル	5.4	5.2	13.3
親しい知人等との死別	10.0	7.7	10.5
自然災害の被災・犯罪の被害等	1.3	1.3	3.0

(注)孤独感がある人が経験した出来事
(出所)内閣官房「人々のつながりに関する基礎調査」(2021年)

家族以外に頼れない日本

主観的な感情である「孤独」と、他者とのつながりが乏しい客観的な状態を示す「孤立」は概念が異なるが、その原因は重なることも多い。それらが避けようのないリスクである限り、結婚の有無は孤独の根本的な原因ではない。

孤独の真因は、トラブルが起こったとき、家族以外に頼れる存在がいないという点にある。

60歳以上が対象のデータではあるが、国際比較で日本は家族以外に頼れる人が少ない。主要4カ国のうち、同居家族以外に頼れる人として友人や近所の人を挙げた割合は、日本が最も低い。

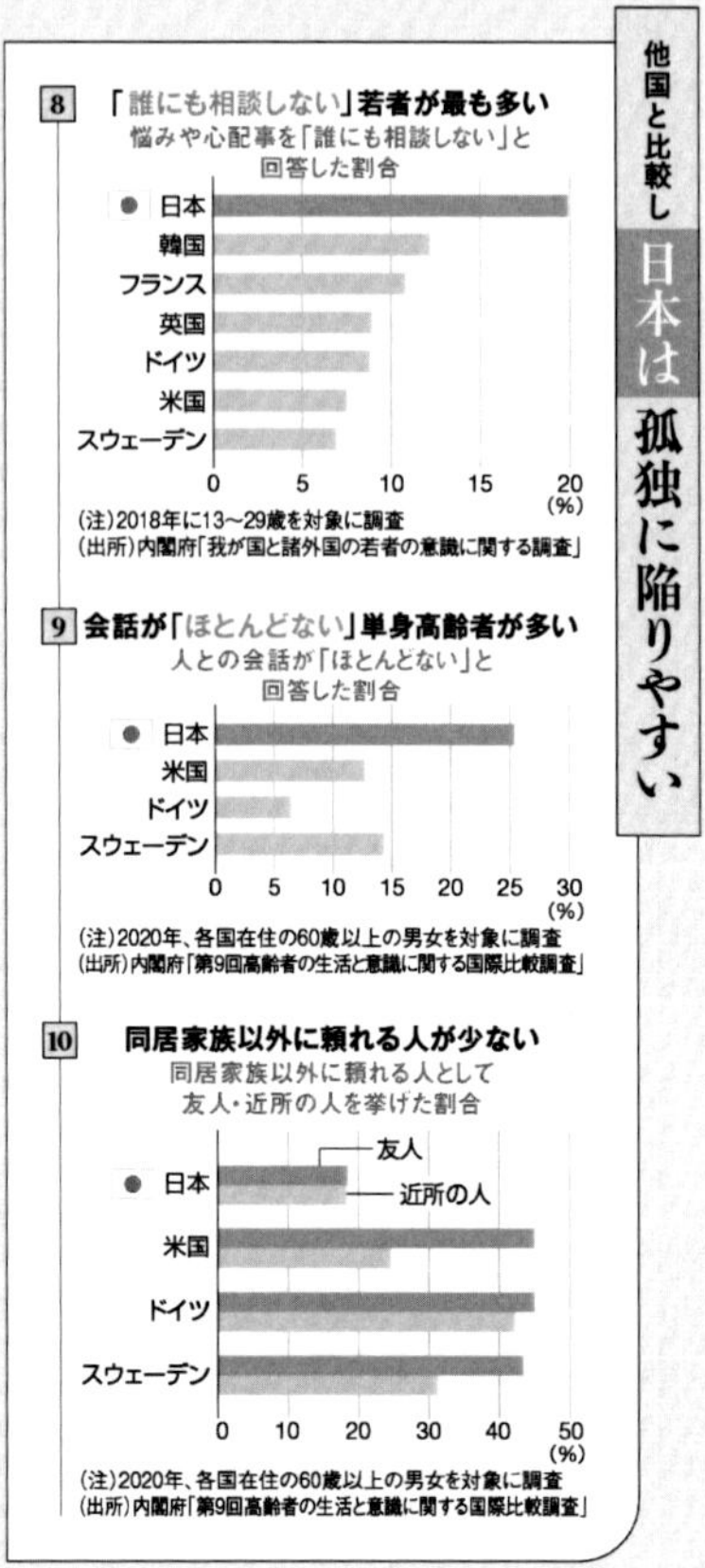
他国と比較し
日本は孤独に陥りやすい
8 「誰にも相談しない」若者が最も多い
悩みや心配事を「誰にも相談しない」と回答した割合
日本
韓国
フランス
英国
ドイツ
米国
スウェーデン
0 5 10 15 20 (%)
(注)2018年に13～29歳を対象に調査
(出所)内閣府「我が国と諸外国の若者の意識に関する調査」
9 会話が「ほとんどない」単身高齢者が多い
人との会話が「ほとんどない」と回答した割合
日本
米国
ドイツ
スウェーデン
0 5 10 15 20 25 30 (%)
(注)2020年、各国在住の60歳以上の男女を対象に調査
(出所)内閣府「第9回高齢者の生活と意識に関する国際比較調査」
10 同居家族以外に頼れる人が少ない
同居家族以外に頼れる人として友人・近所の人を挙げた割合
友人
近所の人
日本
米国
ドイツ
スウェーデン
0 10 20 30 40 50 (%)
(注)2020年、各国在住の60歳以上の男女を対象に調査
(出所)内閣府「第9回高齢者の生活と意識に関する国際比較調査」

行政の福祉サービスや病院・介護施設はあるが、家族が申請の手続きや身元保証をしなければ利用が難しいのが現状だ。単身世帯が増え続ける中、家族以外の人に頼ることが難しい社会では孤独・孤立に陥る人が増える一方だ。

家族に頼っていた役割を誰が担うのか。その難題が突きつけられている。

（井艸恵美、野中大樹）

「役職定年」の50代を襲う孤独

人事ジャーナリスト・溝上憲文

「最初は若手社員と一緒に支店を取材し、社内報の記事を書いていましたが、その後にメンバーから外されました。社内イントラネットを操作しているうちにシステムを壊してしまったのがきっかけです。今は危険人物と思われているようで、ろくに仕事も与えられません」

役職定年で人事部の次長職を降りた後、広報部に異動したサービス業の56歳の男性はそう言って肩を落とす。ネットスキルの未熟さが生んだ不手際だが、笑い話では済まされない。実はコロナ禍で急速に進んだデジタル化が中高年社員を不安に陥れている。

上場企業の建設関連会社では最近、50代の管理職層の異動希望が増えている。人事部長は語る。

「面談で理由を聞くと多いのが、ITスキルの進化に追いついていけず、仕事が合わないというもの。顧客との商談などWeb会議が増えているが、本人には難しく、自分の持つ強みが生かせないという悩みを抱える社員が一定数いる」

といってもITから逃れられる職場は少ない。「深刻なのは上司にも言えずに自分で悩んでいることだ。若手に教えを請うこともできるが、プライドもあり恥ずかしくて聞きづらいのか、独りで抱え込んでいる」（人事部長）。

50代の悩みは仕事だけではない。NTTコミュニケーションズで3000人の50代社員のキャリア面談を手がけているヒューマンリソース部人材開発部門の浅井公一キャリアコンサルティング・ディレクターは、「7割ぐらいが自分の体調や家族、老親の介護、老後のお金などプライベートな悩みを抱えている」と言う。

「当社の社員は8割以上が地方の出身者。親の介護が始まり、地元に戻りたいという相談もある。介護の問題を抱えている人は少なくとも2割超いる。一方、50歳で孫もいる人、子どもがまだ2歳という人、あるいは3人の子を大学に行かせないといけないとか、不安や悩みは多様だ。こうした家庭の事情から、仕事が回らないという人も少なくない」（浅井氏）

その50代を襲う一大イベントが役職定年だ。目的は組織の新陳代謝を図ることと人件費削減の2つ。一般的に55歳で課長・部長職を降り、その後は定年まで一兵卒として働くことになる。日本CHO協会の調査（「ミドル・シニアのキャリア自律」2022年2月）によると、役職定年制を導入している企業は53%。「今後導入を検討する予定」を含めると60%に上る。

受け入れポストが少ない

役職定年になると、年収も2〜3割下がる。前出の建設関連会社の人事部長は「年収1000万円の部長だと月数十万円の部長手当と残業相当分の業務手当がなくなり、

200万円以上も減る」と言う。減収に加えて厄介なのが、あてがわれる仕事が少ないことだ。

「課長、部長とマネジメント一本でやってきた人はあまり専門スキルがない。定型業務は今では派遣やアウトソーシングが担い、グループ内の出向・転籍ポストも少なくなっており、与える仕事が少ない」（前出の人事部長）

元管理職が一兵卒として働くショックも大きい。定年後研究所の調査（2018年）でも「モチベーション低下」や「諦め」「寂しい・孤独」「喪失感」を覚えている人が少なくない。50代のキャリア開発研修を手がけるジェイフィールの片岡裕司取締役コンサルタントは「せっかく管理職に昇進しても役職定年で降格すると、マネジメントにやりがいを持っていた人は、どうしていいかわからないという不安を抱える」と語る。

前出のNTTコムの場合、役職定年は52~57歳に分かれるが、全員がグループ会社や取引先に転籍する。「会社は一応自分で探しなさいと言っているが、探せない人には会社が転籍先をあっせんする。給与は減り、ポストも部長だった人が課長になることもある。人気のあるポストは当然競争が激しく、スペックが合わないと採ってもらえず、希望に関係なく行かざるをえない人もいる」（浅井氏）。

近年は転籍先企業も高齢社員を抱え、受け入れポストも少なくなっているという。

こうした状況に加えて、大手企業で進行しているのが５０歳以上の社員の増加だ。片岡氏は「多くの企業で５０歳以上が3～4割を占め、１０年後には5割以上になる」と指摘する。ＣＨＯ協会の調査でも、５０歳以上の社員が「少しずつ増えていく」「大きく増えていく」の合計は６８％に上る。

50歳以上の社員は増加

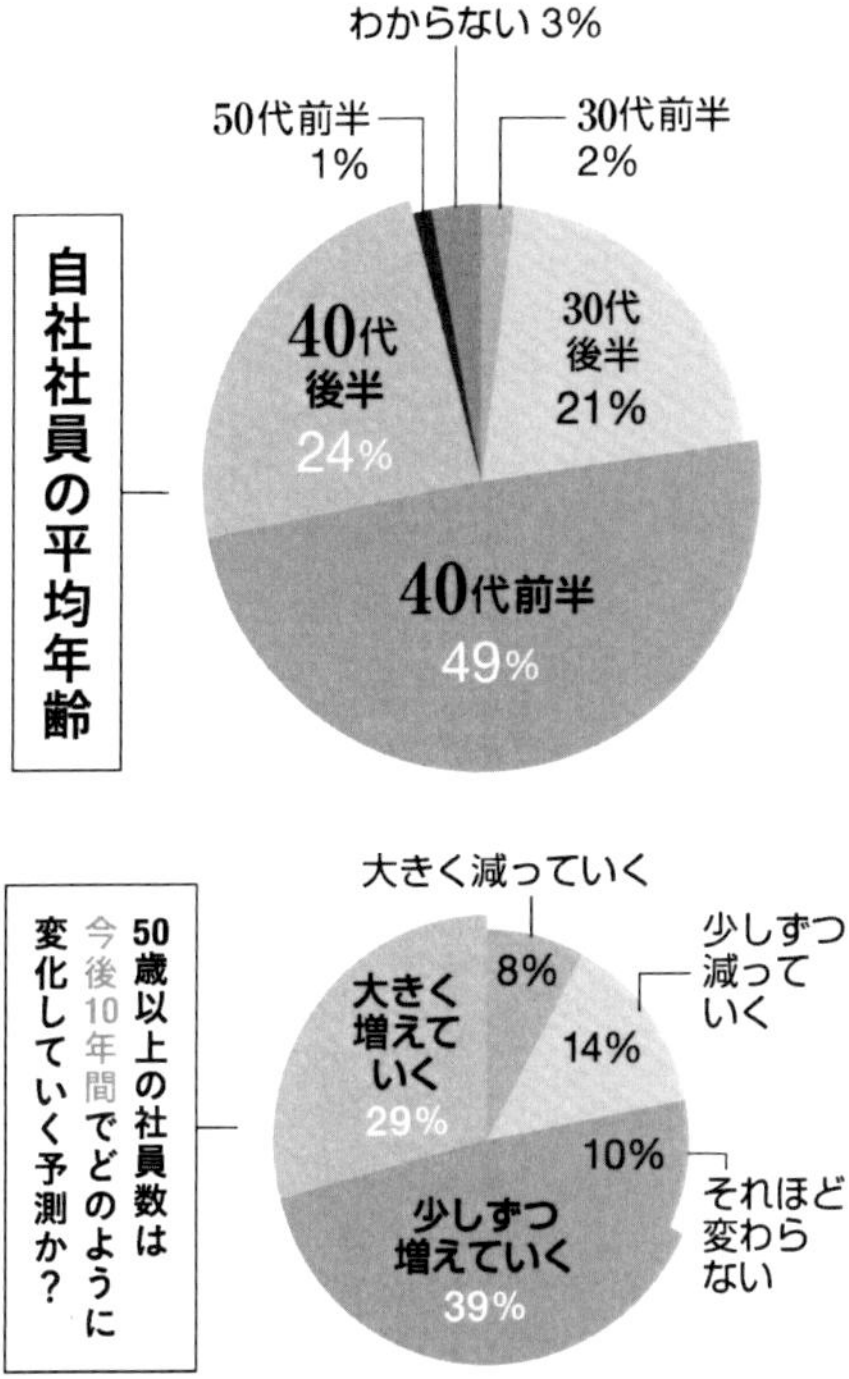

（出所）日本CHO協会「ミドル・シニアのキャリア自律」に関するアンケート（2022年）

ＮＴＴコムも２０３０年には再雇用者が全体の３分の１を占め、５０歳以上が全体の７割を占めるというシミュレーションを行っている。「７人のチームだと３人が６０代以上の再雇用者、残りは５０代、４０代、３０代、２０代が各１人の構成になる。３０～４０代が新人の面倒見と重要な仕事を担う。５０代は中堅社員の位置づけで、再雇用者の指導などに当たる」（浅井氏）。

もちろん今の５０代も、６５歳ないし７０歳まで働き続けるならば１０～１５年間通用するスキルを身に付ける必要がある。

浅井氏は「培ったレガシースキルがどんどん陳腐化し、シュリンクしていく時代。以前１００人でやっていた仕事が１０人しか要らなくなると、生き残るには専門性を究めるしかない。その道を目指すのか、あるいは需要が多いＩＣＴの分野を学んで生き残るかどちらかしかない」と言い切る。

５０代が６５歳まで働くとすればもはや逃げ切ることは不可能に近い。５年後にはバブル期入社世代が６０歳に到達し、再雇用者も今以上に膨れ上がる。「５０代のうちに新しいことにいかにチャレンジして頑張るかが、今後の６０代の職業人生を決める」（浅井氏）。

残された時間は少ない。

溝上憲文（みぞうえ・のりふみ）

1958年生まれ。明治大学卒業。人事・雇用・賃金問題を中心に執筆。著書に『非情の常時リストラ』『人事評価の裏ルール』『人事部はここを見ている！』ほか。

山上徹也が夢見た「社会との接点」

評論家　著述家・真鍋　厚

安倍晋三元首相を銃撃した山上徹也容疑者の心の内奥には何があったのか。同じ「宗教2世」の筆者が肉薄する。

安倍晋三元首相が銃撃され死亡した後、容疑者である山上徹也の属性が報道されるにつれ、私は彼が赤の他人とは思えなくなった。私より1歳年下だが同じ就職氷河期世代で、奈良県で青春時代を過ごしている。そして、宗教2世という共通点があった。

私は天理教信者の両親の下で育ったが、最終的に信仰を拒絶して地元を離れた。天理教はカルト宗教とはされていないが、それでも私は、親からの承認と結び付いた信仰を受け入れざるをえない境遇に随分と悩まされた。「隠れ無神論者」だった私は、信仰共同体という閉ざされた世界の外に飛び出したかった。そこで窒息してしまうことを恐れたのだ。

私の寄る辺なさは県外の大学への進学やパートナーとの出会い、経済的自立によって少しずつ解消されていった。しかし、これはたまたまそうなったにすぎない。

山上容疑者は、統一教会（現・世界平和統一家庭連合）に入信した母親の多額の献金によって、運命を狂わされた。さまざまな不幸に見舞われ、拠り所を求めた母親は子どもたちよりも信仰を選んだ。家族ではなく信仰共同体に一身を捧げたのだ。この事実が彼の人格形成にどれほど大きな影響を与えたかは想像するに余りある。庇護（ひご）者のいない世界で、兄妹をどう守ればいいのか。自殺ですら金を作る現実的な手段に思えるほど追い詰められた。その後、親族の家で暮らすこともかなわず、彼は孤立を深めていく。

自分の利益を侵害された者が、法の手続きに従った国の機関による救済が期待できない場合に、自力で回復を図ることを「自力救済」という。彼は、統一教会による被害を自力救済の感覚で回復しようと試みたと私は考えている。

少なくとも彼は、めちゃくちゃにされた人生を繰り返し立て直そうとした。だが、どこかの時点で自力救済しかないという信念に支配されるようになった。この場合の自力救済は、統一教会トップや癒着のある有力政治家の殺害を意味していた。ここでも彼は、未遂に終わった自殺と同じく自己犠牲的な言質をジャーナリストへの手紙に残している。後述するが、そこには社会とつながろうとする切実な意志があった。

必要とされた「別の物語」

人は、誰でも自分の物語を紡ぐ。けれども、物語を共有し、肯定的に受け止めてくれる存在が必要だ。と同時に、無防備でいられるシェルター（避難所）が欠かせない。家庭崩壊や家族の機能不全により、通常この2つが危機にさらされる。外部に代わりになる関係性があればよいが、何もなければ自尊心は失われ、立て直しに向かう動機づけは弱まる。過去数十年で進んだ自己責任論の内面化は、地域社会の空洞化や生活空間の市場化によって「自分でどうにかするしかない」という切迫した意識をもたらしている。このような社会のムードも彼の自力救済の感覚を後押ししたことだろう。

かつて社会学者のリチャード・セネットは、コミュニティーや友人関係がその場限りのものとなり、長期的に見届けてくれる人がいなくなりつつある現状に重大な懸念を示した。それは他者が自分の物語に関心を持ち、その人間性に価値を与えてくれるという尊厳の問題に関わるからだ。

山上容疑者に、もし新たな庇護者がいたらと振り返るのはたやすい。それは彼の母親が統一教会ではないものに救われていたらという後知恵に等しいからだ。とはいえ、彼が開設したツイッターアカウントは事件が起こるまでフォロワーはほとんどおらず、職場以外の人付き合いが希薄だったことを重ね合わせると、彼の孤独感は、庇護者の不在だけでなく、尊厳の不在によっても強まったと考えられる。自分の物語が誰の関心も呼ばなければ、別の物語を創作する必要がある。

結果的に、あまたの物語の可能性の中から、手製の銃によって、自分の家族だけでなく「統一教会に関わる者」すべてを救済しようとする壮大かつ極端なヒーローの物語が浮上した。それによって彼は、誰かの役に立つ自分、つまり社会との接点をかろうじて取り戻すことを夢見た。もちろん彼が現実に計画し、実行したことは公衆の面前での政治家への殺害であり、犯罪者になることでしかなかった。

しかしながら、他者になにがしかのメッセージを伝えるというコミュニケーションの次元から捉えれば、劇場型犯罪も社会的行為のバリエーションなのである。

このことこそが、彼が欲した庇護者と尊厳に見放された末の皮肉な巡り合わせであり、ほかにありえたはずの物語が残響している証拠ではないだろうか。私にはそう思えてならない。

真鍋　厚（まなべ・あつし）
評論家、著述家。1979年、奈良県生まれ。大阪芸術大学大学院修士課程修了。単著に『テロリスト・ワールド』（現代書館）、『不寛容という不安』（彩流社）。

氷河期世代のあらがえない孤立

１９８０年生まれの山上徹也容疑者は、就職氷河期世代だ。格差問題に詳しい早稲田大学の橋本健二教授は「氷河期世代の中でも最も雇用状況が悪かったのが、山上容疑者のように、２０００年前後に社会に出た中期の氷河期世代だ」と指摘する。秋葉原通り魔事件を起こした加藤智大も８２年生まれ。山上容疑者と同じく非正規労働者として職を転々としていた。

親世代との格差が大きい点も見逃せない。山上容疑者は進学校として知られる奈良県立郡山高校を卒業したが、大学には進学していない。山上容疑者の伯父によると、「家庭の経済状況から大学進学は断念せざるをえなかった」という。事件を起こす前までは、派遣のフォークリフト運転手として工場で働いていた。

一方、山上容疑者の親族は高学歴者が多い。父親は京都大学工学部を卒業し、建設会社に勤務。旧統一教会へ多額の献金をしていた母親も進学校を出た後、現役で公立大学に入学した。母方の叔母は医師で、前述の伯父は元弁護士。エリート一家に生まれながら、母親の献金で困窮し、就職難も重なり安定した職に就くことがかなわなかった。

「SSM調査（社会階層と社会移動全国調査）によると、本人の置かれた状況と親の学歴や経済力との格差が大きいと、生活や社会への不満を持つ比率が高い。中期の氷河期世代には、高学歴で新中間階級の父親を持つにもかかわらず、大学進学を果たせずに社会に出ることを余儀なくされたアンダークラスの男性が一定数いる。彼らのいら立ちが、社会の不安要因にならないという保証はない」（橋本教授）

宗教2世としての苦悩と社会的格差に起因する山上容疑者の孤立は自己責任で片付けられないだろう。

（井艸恵美）

【ルポ】コロナ禍で孤独死は「二極化」

特殊清掃の現場が照らす日本の暗部

ノンフィクション作家・菅野久美子

孤独死という現象に向き合うようになり7年余りが経つ。特殊清掃のほとんどが孤独死だ。引き受けるのが特殊清掃業者である。私は彼らの現場に密着し、その過酷極まりない作業を時に手伝いながら、日本社会が抱える孤独という病巣を見つめてきた。

孤独死は日本社会を映す鏡だ。私たちの社会が急速に無縁社会へと突き進んでいることを如実に表している。もちろん、家で1人で亡くなることが悪いわけではない。在宅死は、私自身を含め一人暮らしなら誰にでも起こりうる。問題は、そのもっと手前にある「社会的孤立」である。今、特殊清掃の現場に感じるのが、深刻な二極化だ。

コロナ禍になり、遺体発見までの日数が増えた。コロナ前だと、数日や数週間で見つかっていた遺体だが、数カ月は放置されたとみられる案件に遭遇することが多くなったのだ。一方、数日で遺体が見つかったり、すんでのところで命を取り留めるケースも増えている。コロナをきっかけに家族や親族が連絡を密に取り合うようになったからだ。つながりを持つ強者はSNSなどを駆使してより関係を深めた反面、コミュニケーションからあぶれた弱者はさらに孤立し、捨て置かれる。コロナは、日本の抱える「社会的孤立」をより残酷な形で浮き彫りにした。

孤独死の多くを占めるのはセルフネグレクトだ。自己放任とも呼ばれ、自分で自分の身の回りの世話ができなくなることを指す。医療の拒否や、ゴミ屋敷化、過剰な数のペットの飼育などが挙げられ、緩やかな自死ともいわれる。その背景に感じるのは、孤独である。

「縁」から切れた人々

コロナ禍でとくに深刻な状態へと陥ったのは中間層だ。彼らは少なからず預金があったり不動産などの資産を持っている。そんな一般の人々が親族や近隣との「縁」から切れた結果、セルフネグレクト状態へ陥ってしまう。結果、長期間にわたって遺体が発見されないという事態が頻発している。

「餓死か、凍死だと思う」

ある業者から連絡が入ったのは、コロナ禍が始まってすぐの頃だ。都内某所のマンションの一室を訪れると、部屋にはエアコンがなかった。木製のシングルベッドには、掛け布団や毛布すらなく、赤茶けた薄いタオルケットがあるだけだ。冬の極寒も夏の猛暑も、男性は独りこの部屋で耐えていたのだ。男性は、かつては個人事業主でこの部屋に妻と2人で住んでいた。しかし、若くして妻と死別。腰か足を悪くしてからは、貯金を取り崩して生活していたらしい。トイレには補助用の新しい手すりがあったが、医療や介護などの福祉サービスとつながっている形跡はなかった。即席麵やソースなどが床に転がっていたものの、最後には食べる気力すら失っていたようだ。

「部屋の状況と体液の量から推測するに、彼は栄養の行き渡らない体で徐々に衰弱し、最後は冬の寒さで凍死したんだと思う。晩年は、熱さ、寒さなどの感覚すらなくなり、彼の目には季節さえ灰色に染まっていたんじゃないかな」

清掃を手がけた業者は、やりきれない表情でそうつぶやいた。男性が妻を亡くした後にセルフネグレクトに陥っていたことは明らかだった。離婚や死別、失業をきっかけに社会から孤立し、不摂生となり、命を落とす人が男性には多い。妻や仕事を通じて保っていた社会とのつながりが切れたことで、一気に身を持ち崩してしまうのだ。

都内の築50年の風呂なしアパートでは、コロナ禍によって社会との唯一の接点を失った男性の孤独死の現場に立ち会うこととなった。灼熱の暑さの中、男性は布団の中で、こと切れていた。

「これは1カ月どころじゃない。数カ月は放置されているな」

特殊清掃業者は現場を見るなり、そうつぶやいた。男性は病気で体を悪くしてから、生活保護を受給していた。清掃の途中で業者は、「新型コロナのため、訪問は当分控えさせていただきます」という福祉関係者のメモ書きを見つけていた。男性は福祉関係者以外、人とのつながりは皆無だったようだ。メモは、コロナ禍になり男性と外界とをつなぐたった1つの糸が、プツリと断たれたことを示していた。

セルフネグレクトでも深刻なのが、ゴミ屋敷だ。夏場のゴミは熱を持ち、室内はすさまじい高温となり、命さえも奪う。真夏に訪れた関東某所の4LDKマンションには、天井に届くほどのゴミがあった。女性は自らがため込んだゴミにつまずき、長期間放置され、命が尽きた。高齢者の場合、室内での転倒は頻繁に起こりうる。転倒は、とくに人とのつながりが少なく発見が遅れると、命取りとなる。

長期間放置される遺体

私が女性の部屋で衝撃を受けたのは、部屋の真ん中で無残に傾いた巨大な食器棚だ。成人男性の背丈ほどある食器棚は大きく傾き、今にも倒れそうになっている。東日本大震災の爪痕だった。管理人によると、女性は子どもとは疎遠で、近隣住民との付き合いもほとんどなかった。だから地震で傾いた棚を元に戻すことができなかったのだろう。女性はこの危険な部屋で生活していた。時が経ち、棚の周りはゴミで埋め尽くされた。傾いた棚は、生前の女性の孤立を象徴していた。

神奈川県の瀟洒（しょうしゃ）な分譲マンションで落命した70代男性の部屋も、孤立を感じるものだった。広々とした4LDKの室内は真っ暗でとにかく息苦しい。電気をつけると、その理由がわかった。男性は窓という窓、穴という穴に目張りをしていたのだ。まるで外界を遮断し、はねつけるかのように——。

酸素が薄いこの部屋で、男性は独り寝食をしていた。床を埋め尽くすのは、コンビニ弁当など食べ物のゴミ。キッチンにはなだらかな山を築く形でゴミが積もり、男性はそこに埋もれるように息絶えていた。独身で、退職後マンションに引きこもるようになっていたらしい。異変に気がついたのは近隣住民だった。マンションのフロア全体に暴力的な悪臭が立ち込めていたからだ。長期間放置されすぎて、死因は不明だった。

日常風景となった「無縁」

前述の女性もこの男性も、部屋の清掃依頼をしたのは管理組合である。遺族が関わりを拒否したり、相続人が不明だったりしたためだ。それでも不衛生な状態は放置できず、管理組合の理事たちが困惑しながら対処に当たる——。無縁社会を地でいくような話だが、もはや特殊清掃の現場では日常風景だ。

コロナ禍では一家で孤立していたケースにも遭遇するようになった。熱中症で命を落とした50代の女性は、精神疾患を抱え、ある時期までは両親と支え合って暮らしていた。しかし父親が亡くなり、母親は病気で施設に入ってしまう。現場に立ち会った福祉関係者は悔いていた。女性が「これから1人でどうやって生きていったらいいのか」と戸惑い、逡巡した形跡のあるメモを見つけたからだ。

一人暮らしであれば民生委員が訪ねることもある。しかしこの一家は単身世帯ではなかったため、女性への支援が遅れた。家に取り残された女性は、どれだけ深い孤独と絶望の中にいたのだろう。

家の中にぜいたく品はいっさいなく、生活を極限まで切り詰めていたことがわかる。その理由はすぐにわかった。福祉関係者が数千万円の貯金を見つけたからだ。女性の両親は、いずれ残される娘のために必死で貯金をしていたのだろう。しかし結局その大金は、女性のために使われることはなかった。

コロナがあらわにしたのは、離婚や死別、失業、病気などにより、社会や地域とのつながりが切れ、孤立し、その場に崩れ落ちてしまった声なき人々の姿だ。何度も言うが、孤独死そのものではなく、個人や家族が社会から疎外されていたことに、悲劇がある。

コロナ禍で二極化が進み、孤独死の現場はより一層過酷になった。長期間放置されればされるほど部屋は激しく損傷し、ウジやハエが大量発生して、清掃費用もかさむ。作業に当たる方も感染症などの危険から、全身防護服に身を包み防毒マスクをかぶるなど、万全の態勢で挑まなければならなくなる。

凄惨な死の現場から社会を見上げると、日本を取り巻く孤立の問題は、より深まるばかりに思える。

特殊清掃業者の献身的な仕事によって、部屋は確かに元どおりとなる。しかし私は、キレイになった部屋を見て、いつも思う。私たちはこの現実から、いつまでも目を背けていられるだろうか……と。孤立した人々が、ひっそりと息絶え、ひっそりと葬られ続ける社会を、健全な社会といえるのだろうか、と。私が見つめてきた現場には、時に自己責任という言葉に縛られ、周囲に助けを求められず、こぼれ落ちた人々の姿があった。それは紛うかたなき日本の暗部である。

壁一枚隔てた向こう側にある孤立、そしてその先にある死は、いつ私やあなたが当事者になってもおかしくない現実を突きつけている。そして私たちが置き去りにした、大切な何かを物語っている。

菅野久美子（かんの・くみこ）
1982年宮崎県生まれ。大阪芸術大学芸術学部映像学科卒。著書に『超孤独死社会　特殊清掃の現場をたどる』『家族遺棄社会　孤立、無縁、放置の果てに。』など。

「女性活躍」の陰に……

埋もれる中高年女性の貧困

ノンフィクションライター・飯島裕子

「店も厳しいから、少し休んでもらえないか?」

2020年3月、Aさん(69)が7年近く勤めてきたレストランはコロナ禍にあえいでいた。勤務日数は3分の1に減らされ、月13万円ほどあった収入は3万円に。休業補償は受けられなかった。

Aさんは現在賃貸住宅に一人暮らし。介護保険料などを引かれた後の年金5万円はほぼ家賃に消える。就労収入がなかったらたちまち生活が立ち行かなくなってしまう。勤務日数を増やせないか職場と交渉しながら、新たに就職活動を始めざるをえなかった。

Aさんは10代の頃から現在まで1人で生計を立ててきた。会社事務員、ピアノ講師、レストランの調理場など、非正規雇用や個人事業主の期間も長かったが、仕事をしていない時期はなかったという。

「経験がある飲食業を中心に20件以上に履歴書を送りましたが、短時間の仕事すら見つかりません。求人が出ているところに電話しても年齢を言った瞬間に切られたり。年末には就職活動に必要な交通費すら出せなくなりました。1日1食程度で済ませ、日が暮れたら布団に入り、フードバンクでもらったカイロで暖を取るような生活を続けるしかなかった」

そうして約1年を耐えきった後、周囲からの強い勧めで生活保護を受給することに決めた。

「まさか自分が、という思いが強かったです。健康だし、まだまだ働けるのに。でも四六時中お金の心配をしていたときに比べ、生活はもちろん精神的にも楽になりました」

コロナ禍による影響を最も受けたのは非正規で働く女性たちだ。20年は雇用者が前年比で65万人減っている（男性非正規は32万人減）。コロナ禍は飲食、小売り、宿泊など非正規女性が働く比率の高い職場を直撃した。

コロナで非正規雇用の女性が激減

2019年以降の雇用者数の推移（前年同月差）

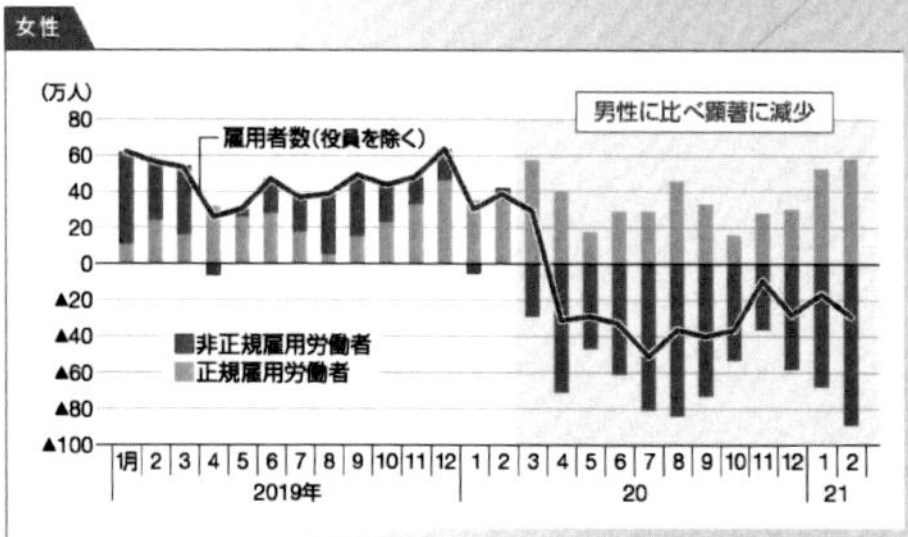

（注）▲はマイナス　（出所）内閣府「コロナ下の女性への影響と課題に関する研究会 報告書」

最も深刻な状況に追い込まれたのがシングルマザーである。政府は困窮する子育て世帯を対象とする現金給付を実施。「まだまだ不十分」という声も多いが、ひとり親世帯の貧困は可視化され、政治の重要課題の1つとして位置づけられるようになってきている。

一方、子どもがいない単身女性は支援の対象外であり、その実態は見えないままだ。

2020年11月、ショッキングな事件が起こった。東京都渋谷区幡ヶ谷のバス停でホームレス女性が殺害されたのだ。64歳の単身女性でコロナ禍以前は試食販売員として働いていた。劇団に所属していた若い頃の写真が公開されると「普通の女性だった彼女がなぜ?」という衝撃が広がった。また「なぜ助けを求めなかったのか?」という疑問も投げかけられた。

だが、助けを求めたとして支援につながることができただろうか。

コロナ禍で仕事と住まいを失った後、1カ月ほど路上をさまよったという40代の単身女性に出会った。彼女は役所へ相談に訪れているが、生活保護を受けるには今いる神奈川県から住民票がある関西へ行く必要があると申請を断られている。生活保護申請に住民票は不要で、現住地で申請できるのだが、家も所持金さえない女性に悪質な対応が行われる場合もある。

女性であれば婦人保護施設やシェルターを利用できるのではと思う人がいるかもしれないが、こうした施設は配偶者から暴力を受けた人が優先だ。経済的理由などで家を出た単身女性が利用できるかどうかは自治体によって異なる。

高齢女性の半数が貧困

意外に知られていないが、全世代で最も貧困率が高いのは65歳以上の高齢単身女性である。単身女性の貧困率はコロナ禍以前から高く、20~64歳で4人に1人が貧困、65歳以上では2人に1人が貧困という状態にまで跳ね上がる。年金だけでは生活できず、働かざるをえない人も少なくない。

就労率は年々高まっている。高齢者の労災事故申請は20年間で2倍にまで増加。

2021年は労災死亡事故の4割以上が高齢者によるものだった。22年2月、新潟県の菓子工場での火災事故で亡くなった6人のうち、4人が68～73歳の女性だったことは記憶に新しい。女性たちは深夜勤で働くパート清掃員で、午前2時までベルトコンベヤーの清掃に当たっていたという。

年齢が上昇するごとに貧困率も上がる

年齢層別・性別の相対的貧困率(2018年)

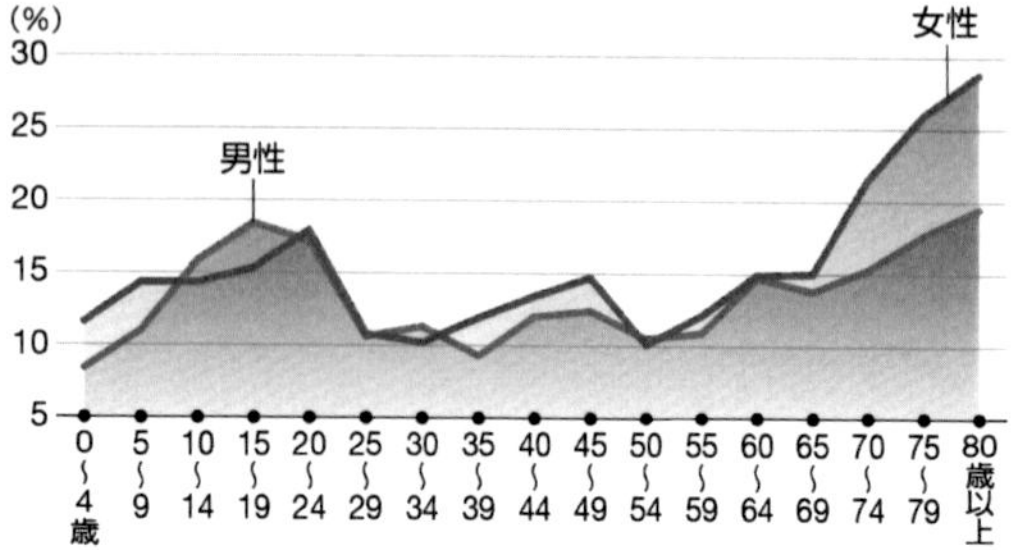

(注)相対的貧困率は、一定基準を下回る等価可処分所得しか得ていない者の割合　(出所)阿部彩「日本の相対的貧困率の動向:2019年国民生活基礎調査を用いて」(2021年)貧困統計ホームページ

埋まらない年金格差

高齢単身女性の貧困の背景には年金格差がある。単身とひとくくりにいっても、未婚か夫と死別か離別かといった違いや加入していた社会保険によっても状況は異なる。40年以上厚生年金に加入してきたのに受け取れる年金額が10万円に満たないという女性も多く、第3号被保険者として国民年金の保険料支払いを免除されてきた「夫と死別した専業主婦」よりも年金額が下回ることも少なくない。

背景には女性の賃金の低さがある。現在、労働者の4割が非正規雇用であり、うち7割を女性が占めている。非正規女性の8割以上が年収200万円未満であり、女性の賃金は男性の77%にとどまる。厚生年金には現役時代の賃金が反映されるため、賃金が低い女性の受け取れる年金が低額なのは当然ともいえる。

男女の賃金格差に加え、女性は結婚して専業主婦となり正社員の夫に扶養されるという、「標準世帯モデル」を基に設計された税や年金制度による不利益もある。現役時代の格差や標準世帯モデルから外れたことによる〝不利〟を老後も背負い続けなければばならない。

この状態が続けば、将来さらなる困難が女性たちを襲うことになる。現在40代～50代前半になっている就職氷河期世代は非正規雇用率および未婚率が高い世代だ。就職氷河期世代が老後を迎える頃、未婚または配偶者と離別した女性の約半数(290万人)が生活保護レベル以下の生活を余儀なくされるというデータもある。

政府は「女性活躍」や「ジェンダー平等」を政策目標として掲げているが、少子化対策と関連した施策が多く、その中心は若年層や子育て世代である。一方で貧困にあえぐ中高年単身女性は存在しないかのごとく扱われていると感じる。そうした時代の空気によって、当事者の女性たちが「声を上げづらい」状況がつくり出されているのではないだろうか。

コロナ禍により多くの非正規雇用の女性たちが雇い止めされたり休業を余儀なくされたが、休業手当を受給した女性は2割にとどまった。主たる生計者として働く非正規女性が多いにもかかわらず、非正規で働く女性たちはいまだに「雇用の調整弁」として扱われている事実が浮かび上がる。活躍推進も欠かせないが、足元で今日苦しむ女性たちを見える存在にすることも最重要課題であるはずだ。

貧困や困難をなくすためには、女性の経済的自立が不可欠だ。しかし、それ以前にある男女間賃金格差をなくすこと、雇用や家族形態によって不利益が生じないよう税および社会保障の仕組みを変えていくことなど、社会構造に踏み込んでいく必要があるだろう。

前述のホームレス女性が殺害された事件から、2022年11月で2年が過ぎた。事件直後、渋谷の街で追悼デモが行われた。参加した女性たちが口にしていたのは「彼女は私だ」という言葉だった。声を発することすら封じられている、そのエネルギーすら削り取られているような空気を変えていくことが求められる。

飯島裕子（いいじま・ゆうこ）
ノンフィクションライター・大学講師。貧困問題、労働問題を中心に執筆。著書に『ルポ　貧困女子』『ルポ　若者ホームレス』。近著に『ルポ　コロナ禍で追いつめられる女性たち』。

「自分が悪いと思わないで堂々と助けを求めていい」

NPO法人くにたち夢ファームJikka代表・遠藤良子

東京都国立市で生活困窮、DV被害など、さまざまな事情により家を出た女性のためのシェルターを運営するなどの活動を行う「くにたち夢ファームJikka」。コロナ禍以降、相談は急増している。最近では未成年や精神障害など婦人保護施設などでは扱うことが難しいケースを受け入れることが増えているという。代表の遠藤良子さんに、なぜ単身女性たちは助けを求めず、孤立してしまいがちなのかについて話を聞いた。

「助けて」と言わない根本にはジェンダー問題があると思っています。女性には自分を優先することに罪悪感を持つ人が多い。DVから逃げるときも「子どものために」と決断する。「私が」ではないんです。「女は自己主張するな」「譲って当たり前」と育てられたせいか、自分さえ我慢すればとギリギリまで助けを求めない。

相談に来た人にこの先どうしたいのか尋ねると「どうするのが正解ですか?」と聞いてくる人がいる。いつも周り優先で自分がどうしたいか考えたことがないというのです。だから自分の意思を最優先にしていいのだと伝えます。「こんなことをしゃべってもいいんだ」「誰かに頼ってもいいんだ」と思うところから始め、「自分には価値があるのだ」という感覚を取り戻していくのです。

自分を責める単身女性

単身女性が助けを求めにくい背景には、家庭と仕事を両立させて働く女性たちの存在もあるでしょう。生き生きと活躍する彼女たちと何もない自分。ほかの女性にできることがなぜできないのかと自分を責めています。だから助けてもらうことはできないと感じている。でもそれは違う。貧困や困難に直面したとき、自分が悪いと思わないで堂々と助けを求めていいのです。

昔、ＤＶ被害は家庭内の問題として隠され、警察もほとんど取り合わなかった。でもＤＶ防止法ができたことで、問題が社会化され、人々の意識が変わり、当事者の自己責任から社会が取り組むべき課題へと変わっていったのです。

２０２２年５月に困難女性支援法が成立し、これまでＤＶ被害者中心だった支援があらゆる立場の女性へと広げられていきます。女性を〝かわいそうな存在〟として施設などに囲い込むのではなく、その人が何を望むのか、一人ひとりの意思を最優先に、地域の中で生きていけるようになることを願っています。

遠藤良子（えんどう・よしこ）

Ｊｉｋｋａでは生活困窮やＤＶなどにより行き場を失った女性に対する居住、就労などのパーソナルサポートを実施するほか、電話相談、居場所スペースの運営などを行っている。

「コロナ × Z世代」の憂鬱

みずほフィナンシャルグループの関連企業でシステムエンジニアとして働く浩さん（25、仮名）は、入社1年目で不眠やうつ状態に悩まされるようになり、抗うつ薬を服用し続けている。

浩さんが入社したのは新型コロナウイルスが流行し始めた2020年4月。その直後、みずほ銀行がメディアでも大きく報じられた「システム障害」を起こしたことで、浩さんは連日、朝7時から夜7時まで働き続けることとなった。

会社からは外食や人混みを避けるよう命じられ、社内の飲み会もいっさいない。昼食は段ボールで囲われた自席で独り食べた。一人暮らしのアパートと会社を往復する日々。そのうち夜も眠れなくなり、毎晩アルコール度数が高い「ストロングゼロ」を飲む習慣がついた。日中は強い眠気に襲われ、食事や趣味にも興味がなくなった。

「仕事はつらいけど、1年目の若手だから仕方がないと思った。ストレスを発散したくても、罪悪感があって外食や旅行には行けない。無気力で何をしても楽しくないという感じでした」と浩さん。現在は業務内容が変わり、体調は回復しつつあるが、もっと早く上司に相談できなかったのか。

「働き方について相談できる人はいませんでした。課長と話したのは、この2年で合計2時間くらいしかない。自分を評価する人がどういう人間なのかもわかりません」（浩さん）

気軽にチャットできない

社員同士の接触が減ったコロナ禍で入社した新人にとって難しいのが、社内コミュニケーションだ。

入社直後から在宅勤務を推奨された20代の女性は、「会社に行っても誰もいないから自宅で仕事をするようになった。それなのに上司からはもっと積極的にコミュニケーションを取るように言われ、孤独感がより増した」と嘆く。

出版社勤務の恵さん（24、仮名）は、「わからないことがあっても、距離感を覚える相手に気軽にチャットを送れない」と言う。上司や先輩への連絡はチャットやメールが中心だが、中には顔も見たことがない相手もいる。

「世代が違うから文章のニュアンスが伝わらなかったら嫌だなと。『！』を入れたほうがいいのか、『…』を使うべきか。そう悩んでいると返事に時間がかかるんです」

恵さんは近頃、友達への連絡も腰が重い。大学4年生のときにはオンライン授業になり、同級生と気軽に会えなくなった。友達とのLINEのやり取りも距離感がつかめず、遊ぶ約束をするにも、「仕事のアポ取りのような感覚になって気が重い」と言う。

そんな恵さんが何も考えずにLINEを返せる相手は、2歳上の姉くらいだ。

若手社員や大学生たちは、同僚や友達への過度な気遣いによって疲弊している。Z世代の20代の人間関係に共通する傾向はあるのだろうか。

友達に相談する人は減少

早稲田大学の石田光規教授は、「安心できる人間関係を築きづらくなった結果、相談できる相手は家族という若者が増えている」と指摘する。

相談相手は「お母さん」という若者が増加

悩みや心配事があったときの相談相手

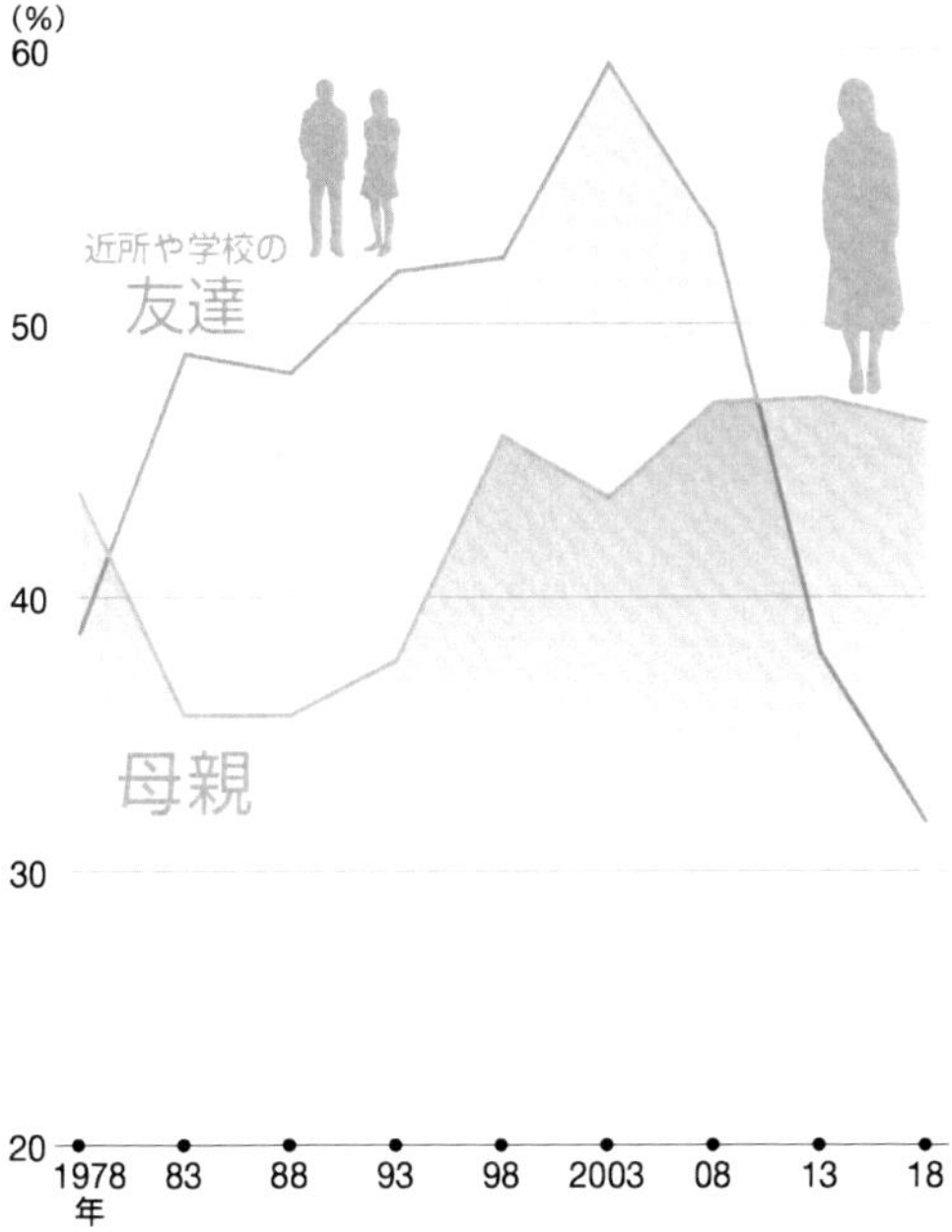

(注)1978〜2008年は18〜24歳が対象。13年、18年は13〜29歳が対象
(出所)1978〜2008年は「世界青年意識調査」、13年と18年は「我が国と諸外国の若者の意識に関する調査」を基に石田光規教授が作成

先の図は内閣府のデータを基に石田教授が作成した。悩みや心配事の相談相手として母親または友達を選んだ若者の比率を表す。2000年代半ばから、友達に相談する人が減り、母親に相談する人が増えていることがわかる。

「昔ならお母さんに相談するのはちょっと恥ずかしいという空気があったが、今はむしろ友達に相談するほうが難しい。それだけ若い人は安定した人間関係が築けず、友達と深い話ができなくなっている。大学生はけんかをしなくなったといわれるが、学生たちにその理由を聞くと、『修復する機会がなさそうだから怖くてできない』と言う」（石田教授）

若者を対象とした意識調査によると、友達と「意見が合わないときは納得いくまで話し合う」と答えた人の比率が、2002年は50％だったのに対し、14年には26％まで低下。一方で「お互い深入りしない」と回答した人の比率は上昇している。

意見をぶつけず、深入りしない傾向は、コロナ禍で〝友達離れ〟も引き起こしている。関西の大学に通う女性（22）は、「相手に嫌な部分があっても本人には絶対に伝えません。遅刻ばかりする友達がいましたが、コロナでサークル活動がなくなったことを契機に、会わなくなりました」と話す。

友達にも本音で話せないとなれば、会社の同僚はなおさらハードルが高いだろう。Z世代の人間関係は希薄化しているように見えるが、そう単純ではない。

「希薄な関係を求めているわけではなく、『本音を言える関係が欲しい』『いつでも自分を受け入れてくれる場所が欲しい』と、求める関係の理想が高いんです」

そう話すのは、教育機関に勤務する弦間沙羅さん（24）だ。同世代の友達から人間関係の悩み相談を受けることが多いため、卒業論文で複数の大学生に人間関係についてのヒアリング調査を行った。調査からは、「相手との関係を失う怖さから空気を読むことを最優先する一方で、何でも話せる関係性を求める傾向があることがわかった」（弦間さん）という。

Z世代は対話の努力をしていないわけではない。冒頭の浩さんは「共通の話題を見つけて先輩に毎日話しかけるようにしていましたが、40歳以上や実務をしていない管理職は、話しかけようにも、とっかかりがない」と言う。
過度な気遣いの裏で理想のつながりを求めるZ世代。深刻な悩みを抱える若者が放置されていないか。気軽に相談できる関係性を築くには、互いに一歩踏み込むしかない。

（井艸恵美）

「身元不明者」より「身元判明者」の遺骨が増える？

親族に引き取ってもらえない遺骨の「声」

その部屋は、普通のロッカールームだった。壁の向こう側からは、市民と職員の話し声が漏れ聞こえてくる。

棚に並び置かれているのは引き取り手のない遺骨。名称の欄に「不詳」と記された遺骨もあるが、ほとんどは「田中……」「鈴木……」といった名前がある。身元はわかるが、引き取り手がいないのだ。

神奈川県横須賀市役所。案内してくれた地域福祉課終活支援センターの北見万幸（かずゆき）氏はこう語る。

「遺骨はこの部屋に2～3年ほど安置されます。その間、家族や親族に『お引き取りに来られませんか』と手紙を書くのですが、残念ながら返事はほとんどありません。

電話で直接話せれば少しは違うのでしょうが、肝心の電話番号がわからないのです。結局、引き取り手が現れることなく、遺骨のほとんどは市の無縁納骨堂に移送されていきます」

遺骨の9割は身元判明

横須賀市における引き取り手のない遺骨の数は1980年代まで、ほぼ1桁で推移していた。しかし1990年代の後半から急増する。97年には17柱、2005年には28柱、14年には60柱に達した。

増加の道程は無縁社会を象徴するようだが、本当に着目すべき数字は別にある。引き取り手のない遺骨のうち「身元が判明している遺骨」の割合だ。

1980年代まで「引き取り手のない遺骨」は、ほぼ「身元不明の遺骨」と同義だった。身元がわからないために引き取り手がいない、というシンプルな理屈だ。ところが90年代になると状況が変わる。身元が判明しているにもかかわらず引き取り手が現れないケースが増え、90年代後半には身元判明が身元不明を逆転した。

2000年代に入ると身元判明のほうが圧倒的に多くなる。17年、引き取り手のない遺骨49柱のうち、身元不明は1柱のみ。残り48柱の身元は判明していた。

身元判明の遺骨が9割を超えていることに、北見氏は「私たち市役所の職員も、この現実をどう受け止めていいのかわからずにいるのです」と言葉を詰まらせる。


なぜ、こんなことになったのか。原因は複合的だ。

要因の1つは世帯人数の減少と思われる。核家族化が進み、横須賀市では1993年に1世帯当たりの平均人数が3人を割った。足元では2・5人前後にまで減っている。生活を共にしていなければ、たとえ家族や親族であっても心理的な距離は広がりがちになる。

さらに親族に電話で伝えられず、手紙での連絡が増えたことも影響している。固定電話が主流だった時代は、死亡者の住民票や戸籍から家族、親族の名前・住所を捜し当て、NTTの104番号案内サービスで親族の電話番号にたどり着くことができた。

自治体から電話連絡を受けた親族は、たいてい遺骨を引き受けた。

だが、携帯電話が主流となった現代では勝手が異なる。東洋経済が携帯キャリア各社（ドコモ、ソフトバンク、ＫＤＤＩ、楽天モバイル）に「死亡者の親族の携帯番号を教えてほしいという自治体からの問い合わせに対応できるか」と問うと、全社が「捜査機関による事件捜査であれば（裁判所発行の捜査令状があれば）開示することがあるが、自治体に開示することはない」などと回答した。

親族の力は弱まっている

１９９０年代半ば以降、携帯電話が一般市民に普及し始めた時期と、身元が判明しているのに引き取り手が現れない遺骨の数が増え始めたのは「軌を一にしている」というのが北見氏の見立てだ。人心が冷たくなったからというより、親族に電話連絡ができないことがハードルになっているのだ。

引き取り手が現れなかった遺骨は市の無縁納骨堂に移送される。お経も、聖歌も上げられない、無機質な堂に納められる。

それでは死者が浮かばれない、という観点で横須賀市が2015年から実施しているのが「エンディングプラン・サポート事業」だ。

頼れる親族がいない高齢者で、資産・預貯金が少ない人に限定し、低額（26万円。生活保護受給者は5万円から）で本人が望む弔い方を実現させるプランだ。本人は葬祭事業者に26万円を生前予納。市と葬祭事業者は本人が亡くなるまで電話かけや家庭訪問などで安否確認を続け、死後は葬儀社とともに市の職員が納骨まで見届ける。

2018年には終活事業の第2弾「わたしの終活登録」事業をスタートさせた。墓の所在地や遺書の保管場所、緊急連絡先などを本人が元気なうちに登録しておくことで、万が一の際、病院や警察などへの対応を市が本人に代わって担う。

横須賀市が終活事業を推進するのは、市役所のロッカールームから無縁納骨堂へと移送されてゆく遺骨の数を、できる限り減らしたいという思いがあるからだ。

その人がどんな死生観を持ち、どのような弔い方をされたいのか、生前に確認しようとする自治体は横須賀市を含めて数えるほどしかない。「そんなのは親族がやるべき話で行政のやることではないと主張する役人のほうが全国には多い。でも、親族の力は弱まっている。本人の意思がわからないからと次々に無縁納骨堂に送り込んでいていいのか。それは行政の怠慢だと私は思う。もっと遺骨の声に耳を傾けないと」（北見氏）。

この国の、死者と向き合う姿勢が問われている。

（野中大樹）

セレブな街に埋もれる高齢者の声なき声

富裕層が多く暮らすセレブな街として知られる東京都港区。一人暮らしの高齢者が多いことは、あまり知られていない。

2022年秋、あるマンション高層階の部屋の前では人が集まり、部屋の中に向かって声を上げていた。

「いるんでしょう？ ドアを開けて。何かあったの？」

部屋の中にいるのは80代の女性だ。仕事一筋に生き、マンションも自身で購入していた。結婚歴はなく、家族はいない。

「どうしちゃったの？」と、郵便ポストの穴越しに声をかける近隣住民に、女性は「大丈夫だから」と、か細い声で返した。

意識はあるが話がかみ合わない。

異変に気づいたのは、配食サービスで訪問した配達員だった。配食サービスは単に弁当を運ぶだけでなく、本人に直接手渡すことで見守りを兼ねる港区のサービスだ。

その日、配達員が弁当を届けると、部屋の中から「入り口に置いておいて」という声が聞こえた。直接手渡さなければならない配達員が「何かありましたか？」と尋ねると「歩けないから、置いておいて」と返ってきた。

やり取りを耳にした近隣住民も、配達員と一緒に声をかけ続ける。

連絡を受け、駆けつけたのが港区の「ふれあい相談員」。数年前からこの女性と定期的に接触し、コミュニケーションを絶やさずにきた。女性の返答に明らかな異変を感じた相談員は、本人から教えてもらっていた親族の連絡先に電話をかけ、合鍵を持ってきてもらう。

ドアを開けると、女性は廊下で動けなくなっていた。すぐに救急隊によって病院へ運ばれた。

この女性救出の陰には、相談員たちの数年越しの奮闘がある。

港区は2011年、積極的に地域に出向き、公的サービスにつながっていない一人暮らし高齢者の家を一軒一軒回る事業をスタートさせた。病気や生活困窮など、放置すれば事態が深刻化していくにもかかわらず周囲に相談する人がいなかったり、自ら支援を求めない高齢者に行政側からアウトリーチし、必要な支援につなげる試みだ。相談員が重視するのが「つながりの維持」。

先の女性は、ゴミ出しをルールどおりにできなくなっていた。しかし本人は「大丈夫」と支援を固辞。そんな中、つながりを絶やさなかったのが地域の民生委員と相談員だ。女性に配食サービスを提案したのも相談員で、本人は渋ったものの近隣の住民が「私も頼んでみるから、あなたも頼んでみれば」と背中を押すことで承諾した。この近隣住民も、やはり相談員との信頼関係が日頃からできていた人だ。

自宅に何度も通ううちに事業の趣旨を理解してもらえ、「何かのときに把握しておいて」と、緊急連絡先を教えてもらえることもある。

行政の支援を拒む人にも

今回、80代の女性を救出できたのは、民生委員や近隣住民が本人の見守りを緩やかに維持し続けたこと、アウトリーチ事業によって親族の連絡先を把握できていたこと、異変があれば「ふれあい相談室」に連絡をしてほしいと近隣住民に認識してもらえていたことなどがうまくかみ合った結果だ。

コロナ禍で病院を避けていたこの女性は、救急入院をきっかけに主治医がつき、介護保険を申請することになった。相談員の働きかけが、支援につながった格好だ。

2001年に4000人ほどだった港区の一人暮らし高齢者の数は2020年には倍の8000人を超えた。自覚なく認知症が進んでいたり、今回の女性のように日常生活がままならなくなっているにもかかわらず行政の支援を拒もうとする高齢者も少なくない。

相談員が「つながりの維持」を重視するのは、声なき声を拾うため。セレブの街の、知られざる奮闘劇だ。

（野中大樹）

INTERVIEW

「一人暮らし高齢者の半数は生活保護水準以下」

明治学院大学名誉教授・河合克義

高齢者の孤立問題は、私を含め少数の研究者が1980年代から問題提起していたが、「世界有数の経済先進国で孤立や貧困を問題視するのはナンセンスだ」という声に、かき消されてきた。

だが、1995年の阪神淡路大震災の後、仮設住宅で孤立死が相次いだことをきっかけに注目を浴びるようになった。必ずしも震災によって孤立に陥ったわけではない。震災前の周囲とのつながりの度合いが震災によって表出した。それは今回のコロナ禍が高齢者たちの孤立を浮かび上がらせた構造にも似ている。

高齢者の孤立問題と裏表にあるのがマスコミで「所在不明高齢者問題」として報じ

られてきた潜在的貧困だ。2010年、東京都足立区で、生きていれば111歳の男性が白骨化した状態で発見された。同居家族が親を生きていることにして年金を受けていた。

正月「独り」の高齢者

困っている高齢者を見つけ出し、アプローチするのは実に難しい。その点、相談員が一人暮らし高齢者の家を一軒一軒回る港区の「ふれあい相談員」制度は先進的な取り組みだ。私自身、港区政策創造研究所の所長として、過去、同区で暮らす高齢者の実態調査に携わってきた。

税収は日本トップクラスの豊かな街だが、一人暮らし高齢者の状況は過酷だ。

私たちの調査でわかった結果の1つを紹介したい。正月三が日を誰と過ごしたかについて「独りで過ごした」が3割超もいた。2011年の調査だから、現在この割合はさらに高まっているだろう。

私の試算では、全国の一人暮らし高齢者の半数は生活保護水準以下の生活をしている。困窮し、正月も独りで過ごしている高齢者の数は今後さらに増えるだろう。経済的な豊かさだけを追い求めてきた戦後日本が、今、直視すべき現実だろう。

（構成・野中大樹）

河合克義（かわい・かつよし）
1949年生まれ。明治学院大学大学院博士課程修了。著書に『大都市のひとり暮らし高齢者と社会的孤立』『老人に冷たい国・日本』など。

相談の約6割は「親の面倒を見たくない」

2012年に新語・流行語大賞トップテンに選出された「終活」。人生の終わりを見据えて自らの介護や葬儀の準備をする活動が高齢者の心に響き、週刊誌でも頻繁に特集が組まれた。

それから10年。終活業界の潮目が変わりつつある。

「高齢者の終活のために始めた事業だったのに、今では子どもからの相談のほうが多い。親の面倒を見たくない、介護をしたくないという相談が増えています」

そう話すのは、高齢者の家族代行サービスを行う一般社団法人「LMN」代表の遠藤英樹氏だ。同法人は高齢者本人からの終活や生活支援の依頼を見込んで設立されたが、今では相談の9割が息子や娘からだという。

遠方に離れて暮らす親の支援を依頼する子どもが多いと思いきや、そうではない。

親のすぐ近くに住んでいるのに「親の面倒を見られない」という依頼が約6割に上る。「相談者の多くは、親の世話が『できない』というよりは、精神的に『したくない』という人。厳しいしつけや育児放棄をされた、逆に干渉されすぎたという人も多い。そうした理由から親と距離を置いているのです」(遠藤氏)

相談者は40代、その親は70代というケースが最も多い。一人っ子の単身男性が目立つ。そうした家族に代わり、役所や病院の手続き、介護施設とのやり取りを行うほか、身元引受人として緊急時の連絡も受ける。例えば、家を出て遠くへ行ってしまった認知症の親を警察に迎えに行くこともある。親が亡くなったときには、葬儀から納骨の手配、自宅の片付けまで行う。

火葬場に来ない家族も

これまで火葬場にも家族が来なかったということが、3回ある。火葬をしてお骨を拾うのはスタッフだ。そうした現場が最も荷が重いという。

「お子さんへは事前に何度も連絡は入れているが、危篤の際にもご遺体への最後のあいさつにも来ない。火葬直前にもう一度メールを送るが、火葬場で『これでお別れです』と言われると、本当に大丈夫かなと一瞬躊躇します」（同）

身元引き受けも含めると、初期の登録料は44万円。電話やメール以外の代行業務は時間ごとに料金が発生する。相談は1日30件ほどあり、この2年で売り上げは倍増した。

こうした家族代行や日常生活のサポート業務に需要があるのは、ほかの制度では担えない〝隙間〟の支援だからだ。

判断力の低下した人が受ける成年後見は財産管理が中心で、生活のサポートまでは行わない。行政の福祉サービスも、家族が申請や手続きを行わない限りは利用できない。「家族や親族がいる限りは家族に任せる」が原則だ。

「信じられないかもしれませんが、親のことで役所や介護施設から手紙や電話が来るだけで手が震える、眠れなくなる、怖くて封書が開けられないという方がいるんです」。こうした子どもへのサポートのほうが高齢者本人からの依頼より労力を要するという。

子どもが親の面倒を見るのは当たり前、という時代は変わりつつある。親の「最期」まで業者に委託する家族代行の需要はさらに高まるかもしれない。

（井艸恵美）

INTERVIEW

「孤独・孤立に陥る高齢者ほど詐欺被害に遭いやすい」

慶応大学経済学部教授・駒村康平

内閣官房孤独・孤立対策担当室の有識者会議に、経済分野で参画するのが駒村康平慶大教授だ。孤独を防ぐ政策評価のあり方について語った。

有識者会議では、人と人が自然と「つながり」を実感できるような居場所づくりを社会政策に取り入れていくべきだと提言してきた。

数年前、東京郊外のある街で、市が無料入浴施設を取り壊す決定をしたところ、地元の高齢者たちが反発する一幕があった。その施設は高齢者たちが毎日のように通い、風呂に入るだけではなく、お茶を飲みながら談笑したり囲碁や将棋を楽しんだりするなど、憩いの場として機能していた。

市としては老朽化した建物を放置するわけにはいかないという判断だったようだが、高齢者のコミュニティースペースを取り壊して民間のスポーツジム運営企業を誘致するという策は社会政策として妥当だったのか。とくに目的がなくても集まれるような場が過小評価され、スポーツ施設のような明確な目的がある施設に価値が置かれるような政策評価でいいのか。

狙われる認知症高齢者

孤独・孤立に陥る人が増えた背景には中間層の消滅がある。内閣府の調査でも、非正規雇用で年収が低い人や未婚の人の孤独感が強かった。格差が広がり、経済は25年以上も停滞。年金だけでは暮らしていけず、先々に不安を覚える高齢者が増えている。

そうした高齢者たちが自然と集まれる場所が必要なのだが、「孤独防止センター」といった看板なら、人は寄りつかない。だから無料入浴施設のような、自然と人が集まる場が貴重なのだ。

孤独・孤立に陥っている高齢者ほど詐欺被害に遭いやすいという調査研究もある。

高齢者の被害割合は上昇

65歳以上の人の刑法犯被害件数

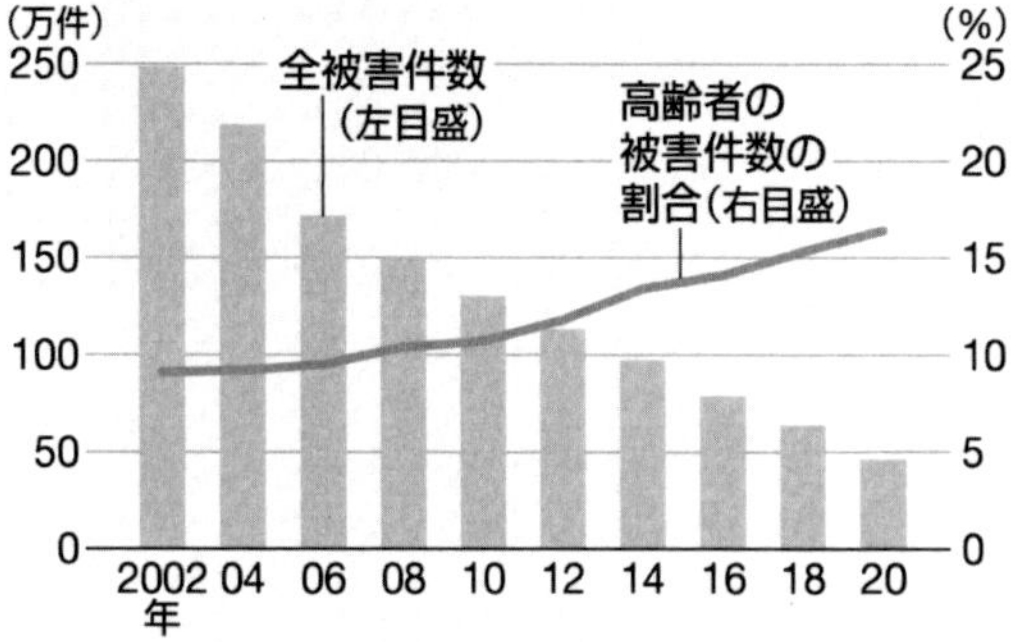

(出所)警察庁統計、内閣府「令和4年版高齢社会白書」

個人が保有する金融資産残高は約2000兆円。うち75歳以上が600兆円、全体の30%以上を占める。今後、懸念されるのは認知機能が低下した高齢者の増加だ。高齢になると自身の認知機能の低下を自身では認識できなくなり、他人の指摘よりも自身の判断力や金融リテラシーを過大評価する「自信過剰バイアス」が強まる。男性で、学歴が高く、金融取引の経験がある人ほど陥りやすい。認知機能が落ちているのに「俺は得意だぞ」という意識だけはしっかり残ってしまうからだ。詐欺集団がターゲットにするのは、まさにこのような高齢者である。

どうやったら孤独感を解消できるかといった小手先の話ではなく、根本的な社会政策が必要なのだ。

（構成・野中大樹）

駒村康平（こまむら・こうへい）

1964年生まれ。慶応大学大学院経済学研究科博士課程単位取得退学。国立社会保障・人口問題研究所、駿河台大学助教授、東洋大学教授を経て2007年から現職。

身寄りのない単身高齢者が陥る社会的孤立

日本福祉大学教授／みずほリサーチ&テクノロジーズ主席研究員・藤森克彦

ウィズコロナの時代に入り、人との交流が少しずつ戻ってきた。コロナ禍では、人と人とのつながりを保つことが難しくなり、生きづらさを感じる人が増えていたので、状況が変わってきたことをうれしく思う。

とはいえ、地縁、血縁、社縁といった共同体機能が脆弱化する中、社会的孤立はコロナ禍前から問題にされていた。コロナ禍では孤立が一層深刻になり顕在化したが、社会の根底にある問題は変わっていない。本稿では、社会的孤立の実態と対策を探っていく。

「社会的孤立」とは、他者との関係性が乏しい客観的状態をいう。寂しいとか独りぼっちといった主観面を表す「孤独」とは異なる概念である。

もし、社会問題として「孤立」と「孤独」のどちらを重視すべきかと問われれば、筆者は「孤立」と答える。なぜなら、人は1人では生きられないからである。いざというときの支援を含め、他者との関係性は重要だ。一方、「孤独」は主観によるため個人差が大きく、政策対応が難しい面がある。さらに、政策が主観に入り込む危うさもある。ただし、孤立や孤独を引き起こす要因は、重複する点が多い。

孤立の測定指標は定まっているわけではないが、先行研究を見ると、①会話の欠如、②「頼れる人」の欠如、③「手助けする関係」の欠如などが挙げられる。注目したいのは、「手助けする関係」の欠如が孤立指標になっている点だ。孤立を減退させるには、誰かのために何かをすることも重要になる。

ここでは、国立社会保障・人口問題研究所の「2017年 生活と支え合いに関する調査」に基づいて、孤立の実態を世帯類型別に見ていこう。

単身高齢男性の「社会的孤立」が最も深刻

孤立状態にある人の割合

（単位：%）

			会話の欠如（2週間に1回以下）	「頼れる人」の欠如	「手助けする関係」の欠如
			〈孤立の類型〉		
単身世帯	高齢者（65歳以上）	男性	14.8	11.1	17.4
		女性	5.4	4.2	9.7
	非高齢者（65歳未満）	男性	8.3	6.9	9.4
		女性	4.4	1.7	2.2
夫婦のみ世帯	夫婦とも高齢者		2.4	1.7	3.4
	夫婦とも非高齢者		1.1	1.5	1.3
3世代世帯（子どもあり）			0.5	0.5	2.5
2世代世帯（子どもあり）			0.6	0.5	0.9
ひとり親世帯（2世代）			1.8	0.4	0.5
総数（平均値）			2.2	1.7	3.2

（注）「子ども」とは20歳未満の世帯員。赤字部分は、総数の平均値よりも5%ポイント以上高い箇所

（出所）みずほリサーチ＆テクノロジーズ「社会的孤立の実態・要因等に関する調査分析等研究事業報告書」（2021年、厚生労働省令和2年度社会福祉推進事業）を基に筆者作成。データは、国立社会保障・人口問題研究所「2017年 生活と支え合いに関する調査」に基づく

まず、「会話の欠如」について、「2週間に1回以下」しか会話をしていない人の比率は、総数では2・2％なのに、高齢単身男性では14・8％に上る。また、非高齢の単身男性においても1割弱と高い。現役期であれば職場における会話があるはずだが、無職の単身男性は、他者との会話が乏しいことも考えられる。

次に「『頼れる人』の欠如」は、「介護や看病」「重要な事柄の相談」「日頃のちょっとした手助け」などの9項目すべてについて「頼れる人がいない」と回答した人の割合である。総数では1・7％であるのに、単身高齢男性、単身非高齢男性で高い比率になっている。

さらに、「『手助けする関係』の欠如」は、「家族・親族」「友人・知人」「近所の人」「職場の人」のそれぞれから、上記9項目中7項目について手助けを求められたときに、すべての人に対して全項目で「手助けをしない」と回答した人の割合である。総数では3・2％であったのに、単身高齢男性では2割弱、単身高齢女性と単身非高齢男性では約1割となっている。

総じて見ると、高齢と非高齢の単身男性において、会話の欠如、「頼れる人」の欠如、

「手助けする関係」の欠如といった孤立に陥る人の比率が高い。とくに高齢単身男性では、前述の3指標ともに2桁を超える高い比率となっている。

　では、社会的孤立は何が問題なのか。第1に、日常生活や緊急時において、必要な支援を受けることが難しくなる点である。とくに、社会的に孤立している人の中には、家族がいないか、あるいは家族との関係性が乏しい人が多い。身寄りのない人の場合、病院同行や買い物支援などの生活支援、アパートへの入居や入院をする際に求められる身元保証、さらに本人が死亡した後の葬儀や家財処分などの死後事務を誰が担うのか。家族がいれば、多くの場合、家族が対応してきたが、身寄りのない高齢者には頼れる家族がいない。

　第2に、他者との関係性の欠如は、生きる意欲や自己肯定感の低下を招くことが指摘されている。実際、会話が少ない人ほど、自分のことを「価値がない」と考える傾向がある。生きる意欲や自己肯定感は、他者との関係性を通じて得ることが多いためであろう。

第3に、経済的な厳しさに社会的孤立が加わると、生活困窮が一層深刻になる点だ。生活困窮が深刻化する前に支援につながれば、早期に生活再建を行える事例も少なくない。孤立しているとSOSを出す相手がおらず、深刻な状況に陥りがちである。

「伴走型支援」が有効

今後も未婚化の進展に伴い、中高年や高齢者で身寄りのない人が一層増えていくことだろう。未婚の単身者は、配偶者だけでなく子どももいないので、家族に頼ることが難しい。しかし、友人・知人などとのつながりを保っていけば、孤立を防ぐことはできる。

また、社会に求められるのは、「家族機能の社会化」である。家族機能には、生活支援（緊急時の対応、病院への付き添い、定期的な見守りなど）、身元保証（入院・入所手続き、借家手続きなど）、死後事務（遺体の引き取り・火葬、借家の原状回復、相続の相談など）などの手段的サポートと、たわいもない話をしたり、一緒に喜んだり悲しんだりする情緒的サポートがある。

前者の手段的サポートについては、すでにいくつかの地域で、地域のさまざまな関係団体が集まって、身寄りのない人を支えていくガイドラインを作る動きが始まっている。また、情緒的サポートについては、身寄りのない人同士や、身寄りのない人と地域住民が支え合う「互助会」をつくる地域もある。こうした取り組みが、各地で少しずつ始まっている。

さらに、孤立者を支援する現場からは、つながり続けることを目的にした「伴走型支援」が有効との指摘がある。長期的に孤立して自己肯定感が低下している人は、自らの課題が見えないことも多い。このため、課題解決を目的にした従来の支援だけでは対応が難しい。継続的につながり、時間をかける中で、本人が自分の課題や長所を認識し、周囲との関係を築いていく。その中で、別の展開が始まることもある。自己認識のためにも、「他者」という鏡が必要になるのだろう。政府には、こうした長期的につながり続ける支援への財政的な後押しを期待したい。

現代社会は「経済的な貧困」のみならず、「関係性の貧困」も大きな課題になっている。家族に頼ってきた機能を社会化することは、社会や地域のあり方を見直して、地域におけるつながりを再構築するきっかけになるかもしれない。

藤森克彦（ふじもり・かつひこ）
1965年生まれ。長野県出身。国際基督教大学教養学部卒業。日本福祉大学にて博士号（社会福祉学）取得。専門は社会保障政策。著書に『単身急増社会の希望』など。

認知症を疑われた高齢者の後見人トラブル

あなたの親を狙う「成年後見人」の巧妙な罠

後見の杜　代表・宮内康二

2022年4月、千葉県に住むAさん（60代女性）の自宅に一通の封書が届いた。そこには、90代の父親に「成年後見制度を適用する」と書かれている。送り主は父親が住む都内の自治体の役所。一人暮らしの父親に認知症の症状が出ているため、見ず知らずの弁護士後見人をつけるという。

何が起きているのか理解できなかった。新型コロナウイルスの感染が広がり、父親と会えない日が続いていたが、まさかそんな状況だとは思ってもいなかった。

後見人は、認知症などで判断能力が低下した人に代わり、日常生活に必要な銀行口座からのお金の引き出しや不動産などの財産の管理などを行う。それが近年では、後見人が勝手に本人所有の不動産を売却して現金化したり、銀行口座にあるお金を横領したりする事件が多発している。Aさんは言う。

「父親と話をしたくて電話をかけたが通じない。自宅にもいませんでした。都内には父が所有するマンションが2部屋ありましたが、それがどうなったかもわかりませんでした」

封書を発送した役所の担当者に尋ねても「お父様の居場所は教えられません」の一点張り。後見人候補者になるという弁護士の名前も教えてもらえなかった。

こうなれば自分で捜すしかない。自治体のエリア内にある高齢者施設と片っ端から連絡を取った。父親とAさんが再会できたのは、2022年9月だ。埼玉県内の精神科病院に入院させられていた。すぐに退院させると、父親は「おいしいものが食べたいな」と言った。現在、父親は住民票を千葉県に移し、Aさん夫婦と一緒に暮らしている。

私が代表を務める一般社団法人後見の杜には、このようなトラブルの相談が後を絶たない。

もともと、成年後見制度は介護保険制度と一緒に2000年4月にスタートした。現在、日本の認知症患者は600万人を超え、2025年には約700万人に増えるといわれている。判断能力が低下した高齢者は、社会から孤立化しやすい。そういった人たちの生活を手助けするのが成年後見制度だが、成年後見を受けている人の数は約24万人にとどまっている。

2016年には、弁護士や司法書士らの業界団体の強い要望を受け、政府は成年後見制度利用促進法を成立。市区町村に自治体単位で制度の普及を促す計画の策定を求めた。

これが、新たな問題を引き起こした。夫婦2人、東京都内で暮らしていた80代の女性は、役所から「旦那さんのために成年後見制度を使いましょう」と言われ、役所から紹介された行政書士が後見人になった。ところが、その行政書士は妻の意見を聞かないまま、夫を高齢者施設に入所させた。その妻は、私にこう訴えた。

「夫が入った施設の環境が劣悪で『残り少ない人生を2人で過ごせる施設に移りた

い』と後見人に言ったんです。でも、何度言っても認めてくれませんでした」

行政書士の説明では、夫の預金は8700万円あるが、他施設への入所は費用がかかるので認められないという。揚げ句には「このことで今後連絡してこないでください」と書かれたファクスまで送りつけてきた。その後、夫は施設で新型コロナウイルスに感染し、亡くなった。老後は一緒に暮らすという2人の小さな願いは、ついにかなわなかった。

本来、自治体は住民の私的な生活には積極的に関与しない「民事不介入」が原則だ。ところが、成年後見制度はそうなっていない。

成年後見制度には本人が後見人を決める「任意後見」と家庭裁判所が後見人を決定する「法定後見」の2種類がある。法定後見は本人や近親者が申し立てることが原則だ。それが近年では大きく変わってきた。市区町村長による申し立てが増えているのだ。

成年後見人が決まるまでの流れ

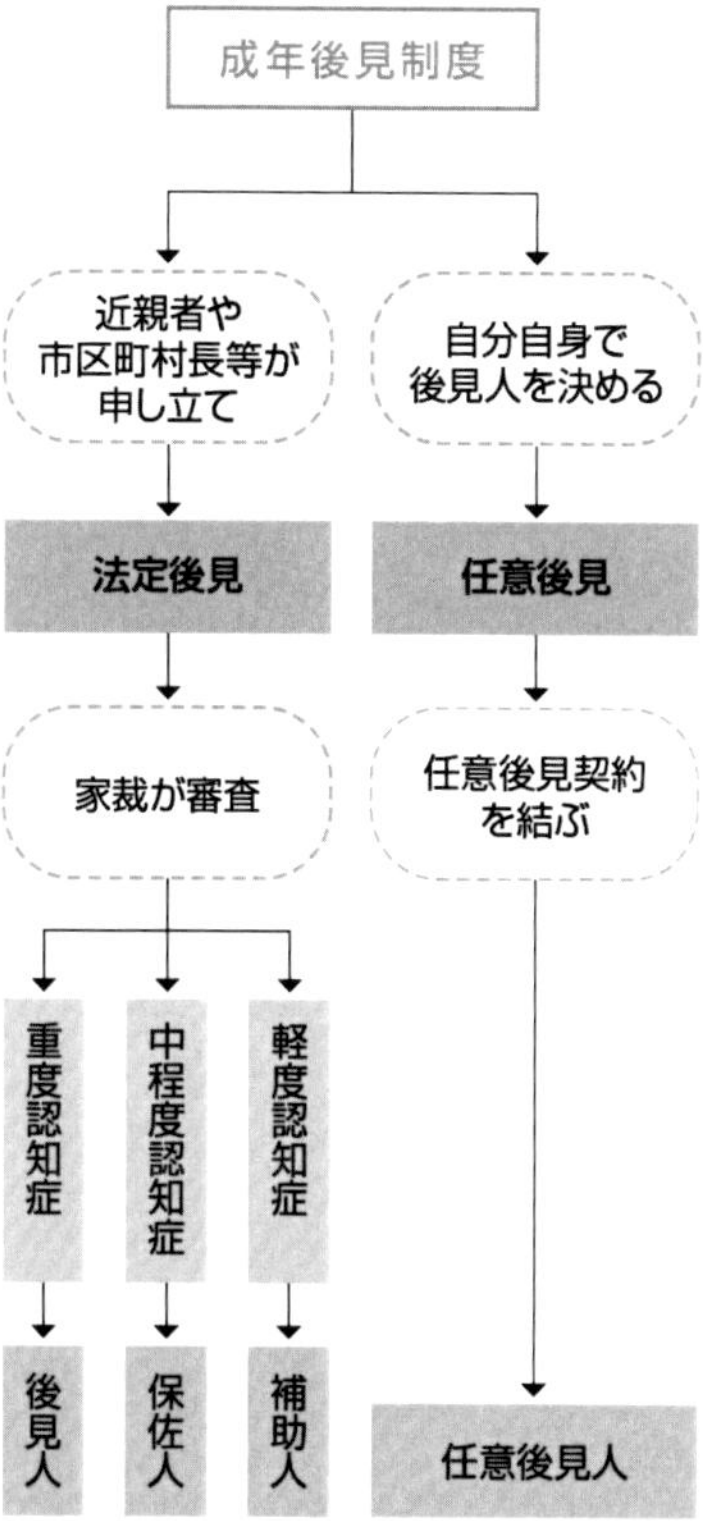

株売却を迫る弁護士

成年後見制度が始まった２０００年、実子からの申し立ては全体の約4割で、市区町村長からの申し立ては０・５％だった。それが２０２１年には、市区町村長の申し立てが全体の２３％に激増し、実子による申し立ては２１％に減少。本人による申し立ては３％から２１％に増えた。だが、中には名前だけ本人に書かせ、それ以外の必要項目の記入は地域包括支援センターや社会福祉協議会、自治体が書いているケースもある。

市区町村は申し立てに必要な後見人の候補を推薦するとき、弁護士、司法書士、行政書士を紹介することが多い。今では新規後見人のうち弁護士などが占める割合は8割を超えた。

家族より弁護士などの後見人が増加している

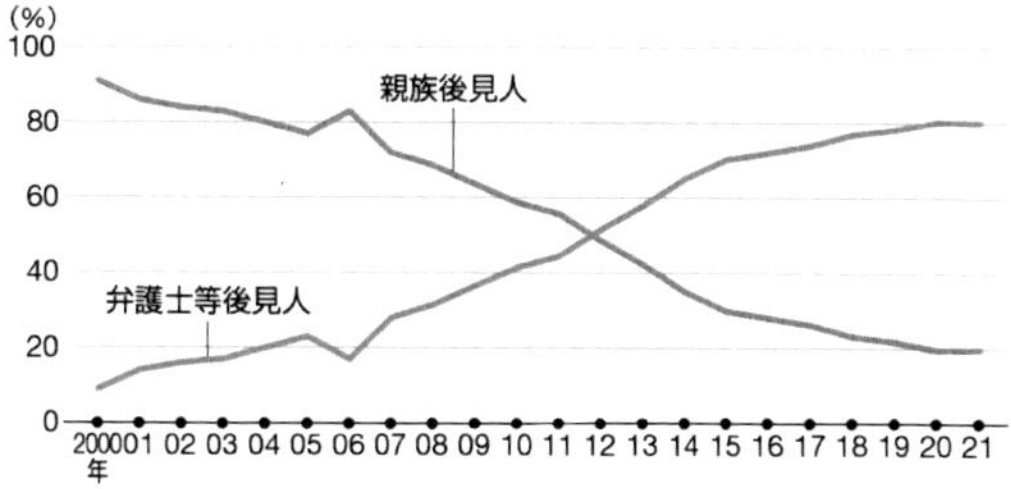

(出所)最高裁判所の資料を基に筆者作成

悪質な後見人がいるのは、被後見人の財産を適切に管理しないほうが後見人の利益になるためだ。

後見人の報酬は、被後見人の現金の資産額を目安に決められる。月額の費用では、管理する現金の財産額が1000万円以下は2万円、5000万円以下なら3万～4万円、5000万円より上は5万～6万円が相場だ。問題のある後見人は、月額報酬を増やすため、不動産や株券などの金融資産を処分しようとする。

83歳の妻の後見人になっていた関西在住の男性は、一緒に後見人になっていた弁護士から「奥さんの株を処分しましょう」と何度も言われた。その男性は言う。

「株券は、妻が会社員時代にコツコツと買っていたもの。年間で80万円の配当金が入っていました。だけど、売却して銀行に預けても、入ってくる利息は年間で1万5000円程度。何度説明しても株を売るように迫ってきた」

月額費用以外にも、後見人をつけるための初期費用や医師の鑑定費などが必要となる。初期費用は自分で手続きをすれば4万円程度で済むが、弁護士などの専門職の人に任せると100万円以上かかることもある。また、最初の手続きだけをして、あとはほったらかしという後見人もいる。

成年後見制度は、弁護士や司法書士の利益追求のための制度ではない。認知症や知的・精神障害があっても、本人が自分らしく生きるための公器である。

後見人の仕事は専門職でなければできないわけではない。事実、一般の人たちが後見人になる市民後見講座には、退職後のシニア、子育てを終えた主婦など、いろんな立場の人が集まっている。自分が認知症になったとき、誰に、どのような後見をしてほしいのか。その金額はどうするのか。一部の専門職に任せず、国民的議論が活発になることを期待してやまない。

（構成：ライター・西岡千史）

宮内康二（みやうち・こうじ）
早稲田大学人間科学部卒業。ニッセイ基礎研究所研究員などを経て現職。成年後見に関する教育や相談事業を行う一般社団法人「後見の杜」代表。著書に『成年後見制度の落とし穴』など。

家族、行政の助けなく孤立無援 「若者ケアラー」の実態

ケアラー支援団体「よしてよせての会」代表・奥村シンゴ

近年、大人が担うと想定されていた家事や家族の介護を日常的に行う18歳未満の人々「ヤングケアラー」がクローズアップされている。2022年1月に公表された厚生労働省の調査によると、小学6年生では15人に1人が該当するという。

一方、ヤングケアラーに比べると認知度が低く、見落とされがちなのが18歳からおおむね30代で家事や家族の介護を担う「若者ケアラー」の存在だ。

「障害のある母親は介護サービスを利用してくれない。父親も介護にはまったく協力してくれず、暴言を吐いてばかり。弟は遊びほうけて借金まである。自分が家族の世話をするようになって7年。もう死にたい」

そう語るのは関西在住の悟さん（29、仮名）。父親、母親と弟2人の5人家族だ。悟さんの生活環境が一変したのは2015年のことだった。買い物に行った際、母親が突然倒れ、救急車で運ばれた。脳出血だった。

1カ月入院した後、リハビリを経て退院することはできたが、半身マヒが残り、介護が必要な身となった。悟さんは父親に相談したが「おまえが面倒を見ろ」と一蹴された。2人の弟も協力する様子はない。悟さんは1人で母親の介護を担うことになった。

母が介護サービスを拒否

母親は食事から入浴、排泄まで日常生活のあらゆる場面で介助を要した。「要介護1」と認定されたが、本人は「面倒だから」と介護サービスの利用を拒否。さらに、身体が思うように動かないいら立ちを悟さんにたびたびぶつけた。

2017年に厚労省が実施した在宅介護実態調査の集計結果によれば、介護サービスを利用しない理由の最多は「現状ではサービスを利用するほどの状態ではない」で37・9％。3番目に多かったのが「家族が介護をするため必要ない」（18・9％）だった。悟さんの母親はこれに当たる。

悟さんは母親の介護サービス利用を望むが、当の本人が「必要ない」と判断してしまうのだ。

介護に縛られる若者ケアラーが直面するのが介護離職だ。悟さんも仕事を辞めざるをえなかった。その結果、母親の介護も自身の貯金を取り崩しながら対応せざるをえなくなった。

介護離職者は年間10万人ほどおり、ほとんどの人が年収減に直面する。男性は平均214万円、女性は同175万円も減る。

悟さんも生活が困窮した。母親の通院に付き添う交通費もままならなくなり、食費を切り詰め、一日中モヤシを食べて空腹をごまかすようなこともあった。生活保護の申請を試みたが、父親の年収300万円と不動産所有によって通らなかった。悟さんは無収入の状態が4年間も続いている。

2017年の総務省調査によると、悟さんのような若者ケアラーは30歳未満で約21万人、30代では33万人いる。12年調査時より30歳未満では3万人以上も増加している。

これまでも18歳未満のヤングケアラーには現金給付などの支援があったが、若者ケアラーにはない。なぜなら実態がわからないからだ。ヤングケアラーは学校という場がケアラーたちの苦境を周囲が察知する場になっているが、若者ケアラーには、そうした場が少ない。ケアラー本人がSOSを発しない限り外からは見えないのだが、当の本人は「言いたくない」という心境を抱えているケースが多い。

筆者自身、32歳から認知症の祖母と、がんと精神疾患を患う母親を10年にわたって介護したが、過酷な現実を外に打ち明けるまでに相当な時間がかかった。同世代が結婚や育児をし、仕事で成果を上げる中、劣等感や羞恥心を抱え、外には言い出せないのだ。

本人が介護サービスを希望しない場合が多い
介護サービスを利用しない理由

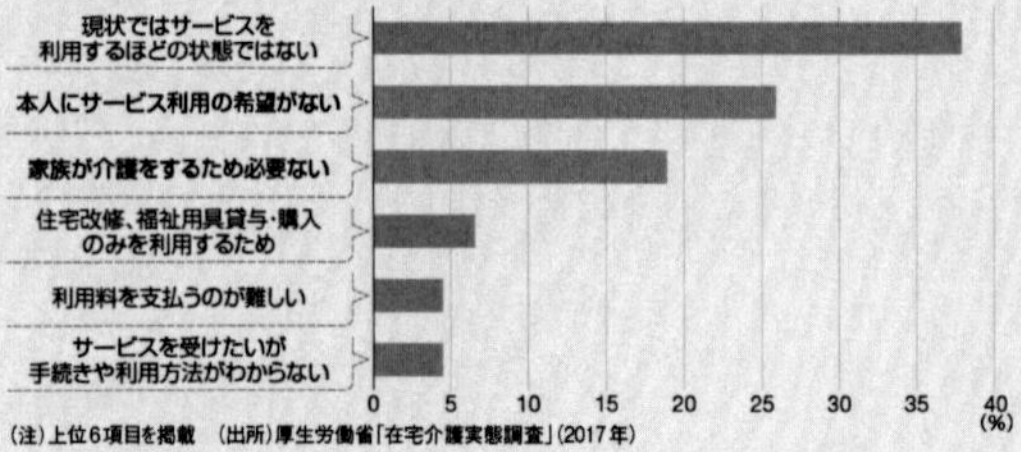

（注）上位6項目を掲載　（出所）厚生労働省「在宅介護実態調査」（2017年）

介護転職後に年収が4〜5割減少
介護開始前と転職直後の年収比較

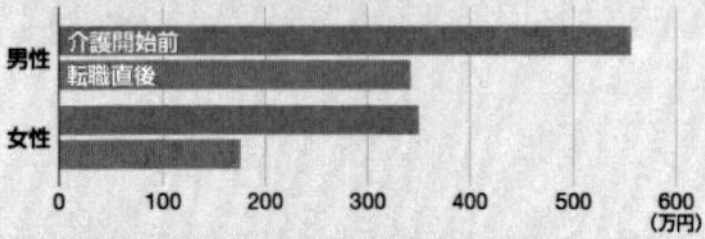

（注）親の介護を経験した（介護中も含む）全国の40歳以上の男女のうち、介護開始時の働き方が正社員の人　（出所）明治安田総合研究所・ダイヤ高齢者社会研究財団「仕事と介護の両立と介護離職」に関する調査（2014年）

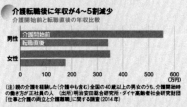

実態把握と適切な支援を

こうした事情から若者ケアラーの実態は社会にほとんど認知されていない。実態が把握できないため、行政は支援に動けない。その結果、当人たちは孤立している。

若者ケアラーの孤立や生活不安を一時的にでも解消するためにいくつか提案をしたい。日本学生支援機構の奨学金返済を免除するか、減免すること。生活困窮者や多重介護者については家族介護慰労金の要件を緩和すること。介護休業や介護休暇の取得率をアップさせること。また当人たちが気軽に集まり、悩みを打ち明けられるような居場所を増やすことだ。

大学生のみを対象とした国の調査では、若者ケアラーが求める支援は、学費支援や奨学金返済免除・減免がトップである。

大阪市の介護事業所チャーム・ケア・コーポレーションは同社に入社した若者ケアラーについては、在籍する間は奨学金の返済を肩代わりする支援を始めた。こうした支援が広がってほしい。

家族介護慰労金とは、自宅で1年以上介護サービスを利用していない要介護4と5の介護者に年間10万～12万円を支給する制度だが、対象者を限定しすぎている。独自の基準で慰労金を支給している自治体はすでにある。厚労省は要件の緩和を検討してほしい。

介護休業や介護休暇の取得率も低い。介護休業は家族1人3回を上限に最大93日まで分割取得できる。介護休暇は1年で1人につき5日、対象家族2人まで最大10日の取得が可能だ。しっかりとした制度なのに介護休業の取得率は30歳未満で男性1・8%、女性は1・3%にとどまる。

居場所づくりも大切だ。近年は当事者同士が集まり語らうイベントが増えた。苦境を話せる場があれば、当事者は少しは楽になる。

介護疲れから、悟さんは精神障害者保健福祉手帳3級を受けた。

それでも母親の介護は続く。短時間でも1人になりたいと願っている。しかし母親は、息子がそばにいる心地よさとプライドから、介護サービスはかたくなに拒む。

疲労困憊（こんぱい）する悟さんを見て、母親は「ごめんね」とつぶやく。悟さんの心境は複雑だ。「謝るぐらいなら、デイケアに通ってほしい。友達は減り、社会との接点はどんどん薄れている」（悟さん）。

若者ケアラーの支援は待ったなし。まずは実態を把握すべきだ。

奥村シンゴ（おくむら・しんご）

ケアラー評論家。32歳から認知症の祖母と精神疾患の母親の介護を経験。2021年にケアラーを支援する「よしてよせての会」を設立。著書に『おばあちゃんは、ぼくが介護します。』

子どもの「孤立」防ぐ東北被災地の奮闘

宮城県気仙沼市。2011年の東日本大震災で壊滅的な被害を受けたこの街は今、仮設住宅がなくなり、道路も新しく舗装され、復興を終えたかのように見える。だが、表から見える風景と現実は少し異なる。

「昨日のご飯、もう残ってない?」

街の一角にある遊具場。震災直後、心に傷を負った子どもたちが遊べる場にしようと設けられた民営施設だ。2022年10月、施設長にこう尋ねてきたのは地元の高校に通う女の子だった。派手なスマートフォンやアクセサリーを身に着けた、一見、普通の女子高生である。

施設長は「前日はハロウィーンパーティーで、みんなでオムライスとパンプキンスープを作ったのです。彼女も手伝いに来てくれ、皆と一緒に食べました。もしかしたら、家に食べるものがなかったのかもしれない」とおもんばかる。

少し前には彼女からこんなメールが来ていた。「父がお金を貸してほしいそうです」。施設長は父親に直接会い「お金のことを娘さんに言わせるのはやめてください」と伝えた。ただ施設長には、この家族の苦境が痛いほどわかっていた。

彼女の父親が働いていた水産加工場は震災時の津波で流され、父親は整理解雇された。復興工事の仕事に就けたものの収入は低く、消費者金融で借金を重ねる。母親は精神疾患を発症し、働ける状態ではなくなった。ガスは止められ、子どもたちは真冬に水のシャワーを浴びることもあったという。

父親は取材に「震災で私が仕事を失ってから、生活はずっと苦しい」と述べ、こう続けた。

「2022年の春、私の兄が亡くなったんです。お悔やみでまとまった金が入ったんだけど、3月は娘の高校入学準備のタイミングで、お悔やみの金を娘の入学費用に充ててしまった。ちょうど電気も止められそうになっていて、お悔やみの金で滞納していた電気代も払うことにした。何とか電気は止められずに済んだが、今度は葬儀屋に払う金がなくなってしまった。毎月1万5000円ずつ払うからって懇願したんだけど『ダメだ』って言われ、困って……」

2022年、父親は工事の職も失っていた。震災復興事業が終了したことの影響だ。一家の収入は途絶え、ついに、子どもたちの食事さえ欠くようになった。

この家庭を気に掛けてきた三浦友幸市議は「両親は生活力が弱く、地域や社会とのつながりも薄い。ただ、遊具場の施設長やスタッフが子どもたちとつながり、支えていることで家庭は何とか持ちこたえている」と言う。「問題は、社会とつながれていない家庭。困窮していたり問題を抱えたりしている家庭ほど、親が行政の介入を拒む。拒まれれば行政は立ち入れない。そこで孤立するのは子どもたち。だから子どもたちが気軽に集まれるような居場所が必要なのです」。

市議会で困窮家庭や母子家庭の窮状を議題にしてきた三浦市議の取り組みに、外部から呼応したのがNPO法人「人間の安全保障」フォーラムだ。

気仙沼市と「人間の安全保障」フォーラムは2021年8月に包括提携協定を締結。気仙沼プロジェクトとして女性のIT就労支援や子どものプログラミング教育、「子どもの権利条約」啓発などを打ち出してきた。この春には「ひとり親の生活調査」を実施。母子世帯やその子どもの生活実態を可視化した。

調査で浮かんだのが、ひとり親世帯の収入基盤の脆弱性だ。2022年2月の平均家計収入は17・2万円で、20万円未満が7割近くを占める。子育て世帯全体の平均年収が482・5万円であるのに対し、ひとり親世帯は206・4万円。雇用形態はパートやアルバイト、契約など非正規の割合が39・8％に達し、8割の世帯が金銭面の不安を抱えていた。長引くコロナ禍や物価高も追い打ちをかけている。

ひとり親世帯の家計収入は平均を大きく下回る

気仙沼市の子育て世帯の年収比較

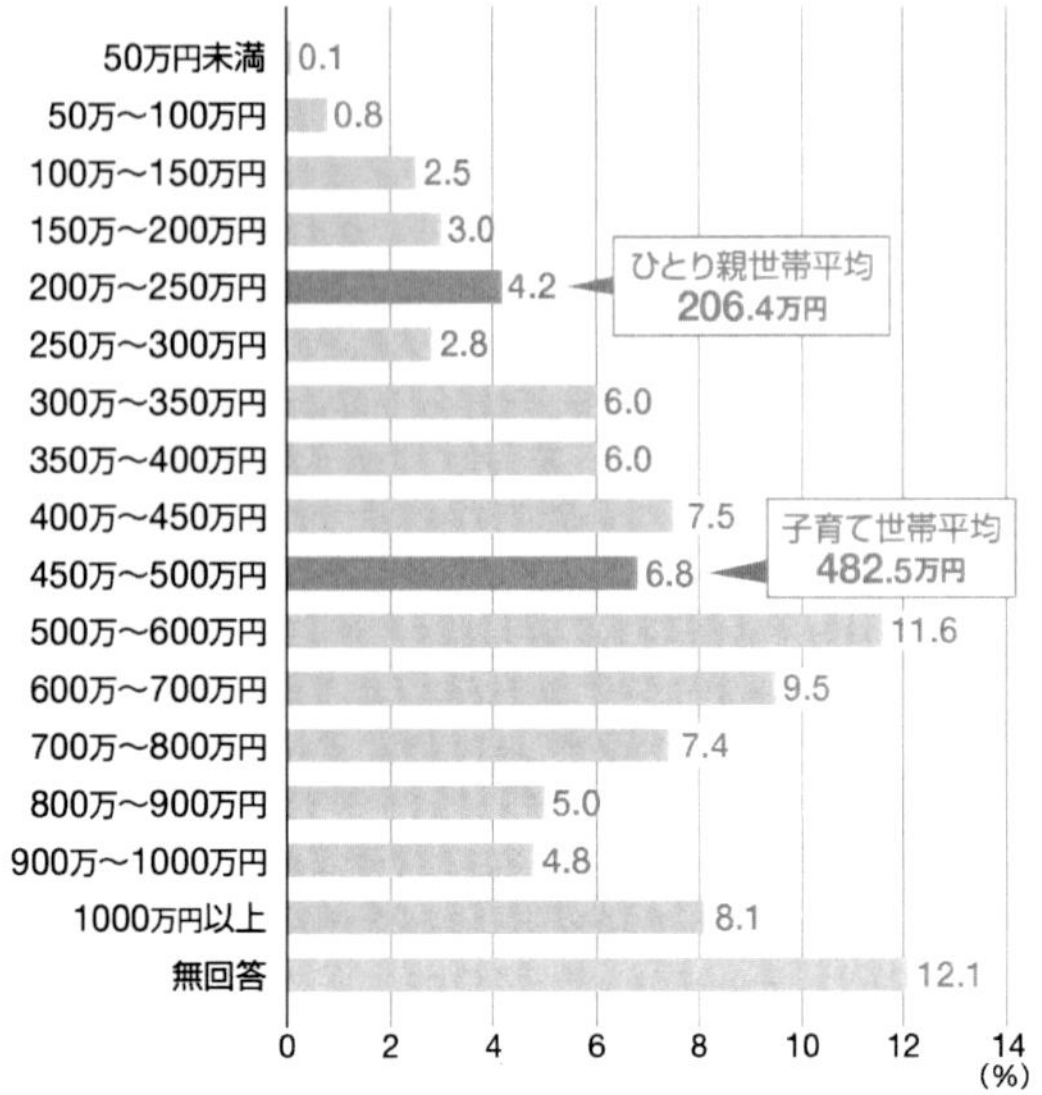

(注)ひとり親世帯の平均年収206.4万円は平均月収17.2万円の12カ月分として計算
(出所)気仙沼市が2021年9月に実施した「子どもの生活に関する実態調査」と、NPO法人「人間の安全保障」フォーラム、同ウィメンズアイが22年3～4月に実施した「気仙沼市ひとり親の生活調査」の結果を基に東洋経済作成

つながりをつくる

県外IT企業2社の協力で進める女性のIT就労支援は、「休みたいときに気兼ねなく休める」点に特長がある。一般企業に勤める女性は、子どもが体調を崩したときなど、周囲に「申し訳ない」と謝りながら休まなければならない。休めないケースすらある。その結果がパート・アルバイトなど非正規率の高さに表れており、彼女たちはスキルも経験も身に付かない環境に置かれ続けている。

気仙沼プロジェクトの理念は生活の持続可能性だ。IT就労支援で雇用された女性たちはデータの入力や整理を担う。「人間の安全保障」フォーラム理事の石本めぐみ氏は「データ整備や分析、プログラミングは今後、社会で必要とされる。一定のスキルを身に付けられれば、どんな環境でも働き続けることができる」と、プロジェクトの狙いを語る。

もう1つ。ひとり親が仕事を続けるうえで必要なのが、見守り機能を兼ね備えた子どもの居場所だ。

2022年11月、気仙沼市の市街地に、子どもが自由に立ち寄れる居場所「みらいと」がオープンした。気仙沼プロジェクトの一環で、学校帰りの子どもたちが宿題をしたり本を読んだり、iPadでプログラミングを学んだりできる場だ。対象者は限定しない。石本氏は「誰もが自由に遊びに来られる場にすることで、地域で孤立しがちな子どもたちも来られるような場になってほしい」と語る。

子どもの居場所づくりは女性の就労支援にもなる。女性が地域で働き続けることができれば、子どもの貧困や孤立の解消にもなりうる。つながりを絶やすまいとする気仙沼の実践は続く。

（野中大樹）

INTERVIEW

「家族、農村、会社からの解放を求め、そして〝孤独〟になった」

早稲田大学 文化構想学部教授(社会学)・石田光規

戦後、ネガティブに語られてきた「血縁、地縁、会社縁」。だが、そこから「解放」されたことで孤独に陥る人もいる。内閣官房孤独・孤立対策担当室の有識者会議メンバーを務める石田光規氏に聞いた。

――コロナ禍で孤独・孤立に陥る人が増えました。

不要不急の面会や会食は控えよといわれ、人々は「それでも会うべき人」と「とくに会う必要のない人」を選別した。つまり「人間関係の棚卸し」を実行した。会うべき人として選ばれた人もいれば、選ばれなかった人もいる。孤独感にさいなまれる人が続出するのはある意味で当然だ。

ただ、コロナ禍は人間関係の希薄さを表出させたといったほうが正しく、それ以前から孤独・孤立問題は深刻化していた。

――NHKスペシャル「無縁社会～無縁死3万2千人の衝撃」が放送され、身寄りや頼りなく孤独死していく人の急増ぶりが脚光を浴びたのは2010年でした。

いかにも無残な時代が到来したかのように報じられたが、「一人」という言葉には「解放」と「剥奪」の2つの文脈があることを、まず押さえておく必要がある。

血縁、地縁、会社縁といった伝統的紐帯（ちゅうたい）からの解放は、戦後日本の目標の1つだった。しがらみから逃れるために、一人になれる社会を志向した時代もあったのだ。

血縁からの解放は、人々、とくに家父長制的な空間で「ケアの役割」を強いられていた女性を解き放った面がある。

地縁からの解放は、農村の閉鎖的な空間を「民主化」という名目で破壊し、人々が自由に生きられるようになったとされた。

会社縁からの解放は、経済成長時代に「24時間戦えますか」とテレビCMにあおられながら生きていた企業戦士たちに「人間らしい」生活をもたらすことが必要だという文脈の中で叫ばれた。

伝統的紐帯からの解放の流れは、人間関係の形が変わっていく過程でもあった。わかりやすい例が恋愛と友情だ。

楽観的な空気は影を潜めた
——人間関係作りが自由になった。

1980年代前半まで恋愛と結婚はほぼイコールで、誰かと付き合うことは結婚を前提としていた。

そこへ吹き込んだのが「自由恋愛」という新しい風だ。1980年代後半から90年代前半にかけ、テレビでは恋愛をモチーフにしたトレンディードラマが大流行した。

真の友達や友情という考え方が広がったのも80年代以降。町内会長や会社の上司といった付き合わざるをえない関係性から解放された人々は、心から信頼できる友達を自ら選べるようになった。『週刊少年ジャンプ』が空前の部数を出し始めたのは1980年代以降のことで、マンガのテーマとなるのは「友情、努力、勝利」だった。

80年代という時代は、血縁、地縁、会社縁からの解放が楽観的に語れる時代だったといっていい。――楽観的には語れなくなったと。

風向きは変わった。バブルが崩壊すると、楽観的な空気は影を潜めた。非正規雇用が増えて格差は拡大。結婚したくてもできない層が膨らんだ。男女ともに生涯未婚率(50歳時点で一度も結婚したことがない人の割合)が5%を初めて超えたのは90年代だ。

千葉県松戸市の常盤平団地で、一人暮らしの59歳男性が白骨化した遺体で見つかるという衝撃的なニュースが流れたのは2001年だった。同団地では翌2002年にも50代男性が、こたつに入ったまま亡くなった状態で発見され、「孤独死」が大きくクローズアップされた。

――なぜ団地だったのでしょう。

戦後日本の経済成長モデルが関係している。都会に工業地帯をいくつも設け、郊外には社員や家族が暮らす団地を濫造した。団地でも盆踊りや運動会が行われた時期もあった。しかし、その子ども世代は団地から出ていった。都心の大学や職場に通うには不便だからだ。団地には高齢者が残され、孤独死が見られるようになった。

経済合理性だけで都市を形成してきたことの残酷な結末が、団地には象徴的に表れている。

本当に豊かになったか

――地方では過疎化が深刻です。

都会に人が集められたことで、地方の山村は不条理に見舞われている。限界集落を通り越して、リアルに消滅する集落が出てきた。

私が実地調査をしてきた静岡県の山村でも1つの集落が消滅するほど過疎化が進み、

総合病院の存続問題が持ち上がった。病院の維持にはコストがかかる。急病患者はドクターヘリで都市部に運ぶことができるのだから病院は閉鎖したほうが合理的だという議論になった。まさに「選択と集中」だ。

町のサービスが合理性の理論の下で縮小されていく中、ある住民はこう口にした。「生まれ育った故郷に住みたいと願うことが、そんなにぜいたくなことなのか」。私には忘れられない言葉だ。

日本は世界トップクラスの経済先進国にはなったけれど、本当の意味で豊かになったのだろうか。

――内閣府の調査では現役世代でも孤独を感じる人が増えています。

意外な結果だった。これまで孤独や孤立は高齢者の話だったが、働き盛り世代にまで広がっている。

要因の1つは未婚化が進んだことだろう。結婚のデータは国が結婚を推奨しているように受け取られかねないため通常は公表しない。今回公表したのは、結婚自体が格差化し若い世代を孤独に追い込んでいる傾向が見られたからだ。

血縁、地縁、会社縁から解放され、自由にはなった。しかし自由は残酷な結果をも招く。働き盛り世代にまで孤独感が広がる現実をどう受け止めたらいいか。真剣に考えるべき時だ。

（聞き手・野中大樹）

石田光規（いしだ・みつのり）

早稲田大学文化構想学部教授。1973年生まれ。東京都立大学大学院社会科学研究科社会学専攻博士課程単位取得退学。大妻女子大学准教授を経て現職。主な著書に『孤立の社会学――無縁社会の処方箋』。

【週刊東洋経済】

本書は、東洋経済新報社『週刊東洋経済』2022年11月26日号より抜粋、加筆修正のうえ制作しています。この記事が完全収録された底本をはじめ、雑誌バックナンバーは小社ホームページからもお求めいただけます。

小社では、『週刊東洋経済 eビジネス新書』シリーズをはじめ、このほかにも多数の電子書籍ラインナップをそろえております。ぜひストアにて「東洋経済」で検索してみてください。

『週刊東洋経済 eビジネス新書』シリーズ

No.417 工場が消える
No.418 経済超入門 2022
No.419 東証 沈没
No.420 テクノロジーの未来地図

No.421　年金の新常識
No.422　先を知るための読書案内
No.423　欧州動乱史
No.424　物流ドライバーが消える日
No.425　エネルギー戦争
No.426　瀬戸際の地銀
No.427　不動産争奪戦
No.428　インフレ時代の資産運用&防衛術
No.429　人口減サバイバル
No.430　自衛隊は日本を守れるか
No.431　教員不足の深層
No.432　ニッポンのＳＤＧｓ&ＥＳＧ
No.433　独走トヨタ　迫る試練
No.434　変わる相続・贈与の節税

週刊東洋経済eビジネス新書　No.447
総孤独社会

【本誌（底本）】
編集局　　野中大樹、井艸恵美
デザイン　小林由依、杉山未記
進行管理　下村　恵
発行日　　2022年11月26日

【電子版】
編集制作　塚田由紀夫、長谷川　隆
デザイン　市川和代
表紙写真　今井康一
制作協力　丸井工文社

発行日　2024年2月22日　Ver.1

発行所　〒103-8345
東京都中央区日本橋本石町1-2-1
東洋経済新報社
電話　東洋経済カスタマーセンター
03（6386）1040
https://toyokeizai.net/

発行人　田北浩章

じることがあります。

本書に掲載している記事、写真、図表、データ等は、著作権法や不正競争防止法をはじめとする各種法律で保護されています。当社の許諾を得ることなく、本誌の全部または一部を、複製、翻案、公衆送信する等の利用はできません。

もしこれらに違反した場合、たとえそれが軽微な利用であったとしても、当社の利益を不当に害する行為として損害賠償その他の法的措置を講ずることがありますのでご注意ください。本誌の利用をご希望の場合は、事前に当社（TEL：03-6386-1040もしくは当社ホームページの「転載申請入力フォーム」）までお問い合わせください。

※本刊行物は、電子書籍版に基づいてプリントオンデマンド版として作成されたものです。